로크의 『인간지성론』 입문

로크의 『인간지성론』 입문

윌리엄 우즈갈리스 지음 | 이재영 옮김

서광사

이 책은 William Uzgalis의 *Locke's Essay Concerning Human Understanding*
(Bloomsbury Publishing Plc., 2007)을 완역한 것이다.

로크의 『인간지성론』 입문

윌리엄 우즈갈리스 지음
이재영 옮김

펴낸이 | 이숙
펴낸곳 | 도서출판 서광사
출판등록일 | 1977. 6. 30.
출판등록번호 | 제406−2006−000010호

(10881) 경기도 파주시 회동길 77−12 (문발동)
Tel: (031) 955−4331 | Fax: (031) 955−4336
E-mail: phil6161@chol.com
http://www.seokwangsa.co.kr | http://www.seokwangsa.kr

제1판 제1쇄 펴낸날 · 2022년 11월 20일

ISBN 978−89−306−1055−1   93160

옮긴이의 말

이 책은 윌리엄 우즈갈리스(William Uzgalis)가 컨티뉴엄 출판사의 리더스 가이드 시리즈 가운데 한 권으로 출판한 *Locke's Essay Concerning Human Understanding*(2007)을 우리말로 옮긴 것이다. 리더스 가이드 시리즈는 철학 고전에 대한 명확하고 간결하며 이해하기 쉬운 입문서로 잘 알려져 있다.

지은이는 스탠퍼드대학교에서 철학박사 학위를 받았으며, 1981년부터 미국 오리건주립대학교 철학과 교수로 재직 중이다. 주요 연구 분야는 초기 근대철학과 심리철학이다.

『인간지성론』은 명실상부한 존 로크의 대표작이다. 로크의 다른 저서들인 『통치론』(*Two Treatises of Government*, 1689), 『관용에 관한 편지』(*A Letter Concerning Toleration*, 1689), 『교육론』(*Some Thoughts Concerning Education*, 1693), 『기독교의 합당성』(*The Reasonableness of Christianity*, 1695)과 유작인 『바울 서신 주석』(*Paraphrases and Notes on the Epistles of St. Paul*, 1707)은 그 제목에서 알 수 있듯이 구체적인 사회·정치적 주제들을 다루고 있다. 로크 연구자들은 오랜 세월 『인간지성론』을 경험주의 인식론에 관한 것으로서 다른 저서들과 연관성이 별로 없다고 판단해서 별도로 연구해왔다. 하지만 최근 로크의 저서들을 총체적 관점에서 보려는 경향에 따라 학자들은 그의 일생을 관통하는 핵심 주제가 종교라는 것에 의견을 모으기에 이르렀다. 또

한 로크가 당대를 대표하는 지식인이며 고위 성직자였던 우스터의 주
교 스틸링플릿(Edward Stillingfleet, 1635-1699)과 벌였던 논쟁에 관
심을 기울이게 되었다. 『인간지성론』에 대한 당대의 평가와 그것에 대
한 로크의 해명을 통해 이 책의 철학사적인 의의를 전반적으로 조명해
볼 수 있기 때문이다. 지은이도 이 논쟁을 중요시하고 있으므로 간략히
언급하고자 한다.

  스틸링플릿의 비판을 요약하면 다음과 같다. 로크가 지식을 관념에
국한한 것은 외부 세계에 관한 회의주의를 조장하며, 로크가 실재적 본
질과 명목적 본질을 구분하고 실체의 존재를 인정하지만 그 본성을 알
수는 없다고 주장하는 것은 삼위일체와 같은 기독교의 근본 교리를 위
협하고, 인격 동일성이 의식의 지속에 있다는 로크의 주장은 동일한 물
질적 실체의 소생을 필요로 하는 부활 교리 신앙의 토대를 파괴하며,
물질적 실체의 본성을 알 수 없으므로 그것이 생각하는지 그렇지 않은
지 알 수 없다는 주장은 유물론과 무신론을 지지하는 것으로 볼 수 있
다는 것이다.

  로크는 자신은 실체 관념에 의문을 제기하는 것이지 실체의 존재 자
체에 대해서는 전혀 의심하지 않으며, 자신이 실체를 믿는 근거는 스틸
링플릿이 믿는 근거와 동일하다고 주장한다. 또한 로크는 자신이 부활
을 믿는 이유는 그것이 신의 계시의 일부이기 때문이라고 주장한다. 도
덕과 종교의 모든 위대한 목적은 영혼의 비물질성에 대한 철학적 증명
이 없이도 충분히 보장된다는 것이 그의 견해다. 로크가 지식을 관념들
의 일치와 불일치라는 좁은 범위에 국한하고, 성경에 기록된 계시와 증
언을 신앙의 영역에 귀속시키려는 것에 대해서 스틸링플릿은 기독교의
핵심 교리가 신앙의 영역에 귀속되면 사람들이 제멋대로 해석하고 서
로 다르게 믿을 여지가 많다고 생각하기 때문에 신앙의 신비를 어디까

지나 확실한 지식의 영역에 놓고자 했던 것이다.

신앙과 지식의 구분에 관한 두 사람의 견해 차이는 우리를 다시 로크가 『인간지성론』을 쓴 목적에 주목하게 한다. 로크는 『인간지성론』의 목적을 "신념, 의견, 동의의 근거 및 정도와 더불어 인간 지식의 기원, 확실성, 그리고 범위를 탐구하는 것"이라고 밝혔다. 우리는 "인간 지식의 기원, 확실성, 그리고 범위를 탐구하는 것"이라는 구절을 들어 로크가 진정한 인식론의 시대를 열었다고 보는 데 익숙하다. 로크가 인간은 그 존재와 본성에 관한 정보가 한정된 물체나 마음에 대해 확실한 학문을 형성할 수 없으며, 사람들이 의거하여 행위하는 명제들은 대부분 그 참됨에 관하여 확실한 지식을 가질 수 없는 것들임을 주장하는 것으로 본 것이다.

하지만 "신념, 의견, 동의의 근거 및 정도를 탐구하는 것"이라는 구절에 주목하면 『인간지성론』을 다른 각도에서 볼 수 있다. 우리는 우리의 행위가 의거하는 명제들의 확실성에 관하여 전혀 의심하지 않고 그 명제들에 동의하고 거기에 따라 행동한다. 우리는 개연적인 명제에 대해 신념, 의견, 동의를 갖게 되며, 개연성은 지식의 부족을 보완하며 우리 삶의 실천적인 목적을 달성하는 안내자로서 충분한 역할을 한다. 로크의 철학은 철학적 이상으로 제시되어왔던 보편적으로 확실한 지식보다 실천적 지성의 규제적 원리로서 개연성에 더 많은 영역을 내맡기려는 시도인 것이다. 로크의 인식론은 지식의 기원을 논하는 한가한 담론이 아니라, 스콜라철학에서 탈피하려는 경험주의적 전회(empiricistic turn)인 동시에 종교개혁 이후 벌어진 신앙과 지식의 싸움에서 신앙을 지식과 별도의 영역에 놓으려는 치열한 힘겨루기다.

로크의 관용 사상도 신앙의 영역에서는 어떤 사람도 무오류적인 지식을 갖지 못하므로 그 누구도 자신의 종교적 견해가 마치 신의 요구 사항인 것처럼 다른 사람들에게 부과할 권리를 갖지 않는다는 그의 생각에 크게 의존한다. 모든 사람은 도덕과 구원에 대한 관심에서 동등한 토대 위에 놓여 있다. 로크에게 그러한 문제들은 개연성과 신앙의 영역 안에 있는 것이지, 지식의 영역에 있는 것이 아니었다. 인간 지성에 관한 그의 고찰은 인간 삶의 주요 관심사인 도덕과 종교가 대부분 어떤 확실한 지식에 도달할 수 없는 개연성의 문제들임을 보여주려는 시도다.

『인간지성론』을 이러한 관점에서 보게 되면 우리는 로크가 본유 관념을 부정하고, 단순 관념과 복합 관념의 구분이라는 경험주의 원리를 잣대로 삼아 당대의 모든 철학적 주제를 일일이 분석하는 이유를 알게 될 것이다. 『인간지성론』은 베이컨이 말하는 우상 타파의 정신으로 철학을 하늘에서 땅으로 끌어내리려는 시도다. 철학을 종교의 절대권력으로부터 해방시키려는 그의 노력은 이론 이성과 실천 이성의 영역을 나누는 칸트 철학으로 가는 문을 열었다고 할 수 있다. 이런 점에서 『인간지성론』은 단순히 인식론적 관심에서 비롯된 것이 아니라, 강력한 사회적 발언을 하고 있는 로크의 대표작이며, 인류 지성사에서 기념비적인 저술이다. 아울러 우리는 데카르트의 물질적 실체와 정신적 실체를 관념의 다발로 해체하는 영국 경험주의 철학을 인간 지성 해방의 과정으로 보아야 함을 깨닫게 된다.

이 책은 로크 철학 연구의 최신 경향을 반영하고 있는 만큼 철학 초심자가 읽기에는 다소 어려울 수 있다. 혹시라도 철학에 대한 독자들의 관심이 줄어들까 봐 걱정이 되기도 한다. 하지만 『인간지성론』이 철학사에서 차지하는 비중에 비추어 볼 때 그 책을 제대로 이해하는 데 꼭 필요한 입문서가 출판되는 것을 기쁘게 생각한다. 그래서 지은이가 독자에게 『인간지성론』의 진수를 맛보게 하려고 종횡무진 애쓰는 모습이 더 마음에 와닿았는지도 모르겠다.

    번역의 기회를 준 서광사와 원고를 꼼꼼히 읽고 교정해준 편집부에 심심한 감사의 말씀을 드린다.

2022년 7월

옮긴이 이재영

인용 표시와 번역어에 관하여

본문에 『인간지성론』이 인용된 경우 괄호 안에 표시된 숫자는 차례로 (권, 장, 절, 줄.: 쪽)을 나타낸다. '독자에게 드리는 서한'의 경우는 (쪽, 줄)을 나타낸다. 이 숫자는 니디치(Peter Nidditch)가 1975년에 편집한 판본에 따른 것이다. 인용문 번역은 우리말 번역본 『인간지성론』(정병훈·이재영·양선숙 옮김, 한길사, 2014)을 토대로 했다. 출처 표시에 오류가 있는 경우에는 옮긴이가 수정했다.

　서양철학이 전래된 이후 clear and distinct의 번역어로 고착되어온 '명석 판명한'을 '뚜렷하고 구별되는'이라고 번역한 것은 우리말 번역본에서 옮긴이들이 고심 끝에 결정한 것을 그대로 따른 것이다. 로크 당시에는 자연과학이라는 용어가 없었으므로, science를 글의 맥락에 따라 '학문' 또는 '과학'으로 번역했다.

　독자의 편의를 위해 『인간지성론』의 차례를 덧붙인다.

『인간지성론』 차례

헌정 서한
독자에게 드리는 서한

제1권 본유 개념

제1장 서론

제2장 본유적 사변 원리는 없다

제3장 본유적 실천 원리는 없다

제4장 본유적 사변 원리와 실천 원리에 관한 그 밖의 고찰

제2권 관념

제1장 관념 일반과 관념의 기원

제2장 단순 관념

제3장 하나의 감각기관에서 오는 관념

제4장 충전성

제5장 둘 이상의 감각기관에서 오는 단순 관념

제6장 단순 반성 관념

제7장 감각과 반성 모두에서 오는 단순 관념

제8장 단순 관념에 관한 그 밖의 고찰

제9장 지각

제10장 보유

제11장 식별 및 그 밖의 마음 작용

제12장 복합 관념

제13장 단순 양태의 복합 관념: 첫째, 공간의 단순 양태

제14장 지속 관념과 지속의 단순 양태

제15장 함께 고찰된 지속과 확장

제16장 수

제17장 무한

제18장 그 밖의 단순 양태

제19장 생각의 양태

제20장 쾌락과 고통의 양태

제21장 힘

제22장 혼합 양태

제23장 실체의 복합 관념

제24장 실체의 집합 관념

제25장 관계

제26장 원인과 결과 그리고 그 밖의 관계

제27장 동일성과 상이성

제28장 그 밖의 관계

제29장 뚜렷한 관념과 불명료한 관념, 구별되는 관념과 혼란스러운 관념

제30장 실재적 관념과 환상적 관념

제31장 적절한 관념과 부적절한 관념

제32장 참인 관념과 거짓인 관념

제33장 관념의 연합

제3권 낱말

제1장 낱말 또는 언어 일반

제2장 낱말의 의미

제3장 일반명사

제4장 단순 관념의 이름

제5장 혼합 양태와 관계의 이름

제6장 실체의 이름

제7장 불변화사

제8장 추상어와 구체어

제9장 낱말의 불완전성

제10장 낱말의 남용

제11장 언어의 불완전성과 남용의 치유책

제4권 지식과 의견

제1장 지식 일반

제2장 지식의 등급

제3장 인간 지식의 범위

제4장 지식의 실재성

제5장 진리 일반에 대하여

제6장 보편 명제의 진리성과 확실성

제7장 공준에 대하여

제8장 공허한 명제

제9장 존재에 관한 지식에 대하여

제10장 신의 존재에 관한 우리의 지식

제11장 그 밖의 사물 존재에 관한 우리의 지식

제12장 지식의 개선

제13장 지식에 관한 그 밖의 고찰

제14장 판단

제15장 개연성

제16장 동의의 정도

제17장 이성

제18장 신앙과 이성의 구별되는 영역

제19장 광신

제20장 잘못된 동의 또는 실수

제21장 학문의 분류

차례

옮긴이의 말   5

인용 표시와 번역어에 관하여   11

1장 맥락   17

2장 주제들의 개관   25

3장 본문 읽기   27

     독자에게 드리는 서한   27

     『인간지성론』 1권   31

     『인간지성론』 2권   42

     『인간지성론』 3권   121

     『인간지성론』 4권   144

4장 수용과 영향   193

참고문헌   199

찾아보기   203

존 로크(John Locke, 1632-1704)는 잉글랜드의 철학자, 옥스퍼드 특별연구원, 의사, 정치·경제 연구자, 정치 활동가, 식민지 행정가, 그리고 혁명가였다. 『인간지성론』(1689)은 그를 가장 위대한 근대 철학자 중 한 사람으로 자리 잡게 했다. 로크는 잉글랜드의 정치·지성사에서 가장 특별한 한 세기에 성장하고 살았다. 그 세기는 왕권과 의회의 갈등, 프로테스탄트와 국교도와 가톨릭 신자들 사이에 중첩된 갈등이 소용돌이쳐서 1640년대 내전에 빠져들던 때였다. 내전에서 찰스 1세의 패배와 죽음으로 군주제와 상원, 국교회의 폐지, 그리고 1650년대 크롬웰(Oliver Cromwell)의 호민관 신설을 포함한 정부 제도의 커다란 실험이 시작되었다. 크롬웰이 사망하고 그의 아들이 실패한 뒤, 1658년 호민관 정치가 몰락하고 1660년 찰스 2세가 왕권을 회복했다. 군주제로 돌아가자 상원과 국교회가 복구되었다. 1660년부터 1688년까지 지속된 이 시기는 왕과 의회의 계속된 갈등, 프로테스탄트 비국교도와 가톨릭 신자에 대한 종교적 관용 논쟁으로 두드러졌다. 이 시기는 제임스 2세가 잉글랜드에서 축출되고 오라녜의 윌리엄(William of Orange)과 그의 아내 메리(Mary)로 대체된 1688년의 명예혁명으로 끝난다. 이 정치적 격동기는 또한 잉글랜드에서 왕립학회의 창설과 보일(Robert Boyle), 뉴턴(Isaac Newton), 훅(Robert Hooke) 같은 걸출한 인물들에 의해 배양된 풍요로운 과학 문화의 발달을 보여주었다.

로크는 1632년 8월 28일 서머싯주 라이턴에서 매우 낮은 젠트리 계층 가정에서 태어났다. 그의 아버지는 브리스틀 근처의 작은 도시인 펜스포드와 그 주변에 몇 채의 집을 소유하고 있었고, 법률업에 종사하면서 몇몇 하급 지방행정 관료직을 수행했다. 잉글랜드 내전이 발발했을 때 로크의 아버지는 의회파에 속한 지역 기병연대의 중대장으로 복무했다. 그 연대의 지휘관은 서머싯 젠트리 계층에서 그보다 훨씬 더 고위층이었던 포프햄(Alexander Popham)이었다. 월러(Waller)가 이끄는 의회파 군대는 1643년 7월 데비츠 전투에서 패했고, 그 결과 연대는 해산했다.

포프햄과 로크 아버지의 유대는 어린 로크의 교육에 대단히 중요한 영향을 미쳤다. 포프햄은 바스 의회의 의원이 되었고, 당시 잉글랜드 최고의 학교였던 웨스트민스터에 보낼 소년들을 추천할 수 있었다. 그는 로크를 추천했고, 로크는 1647년 웨스트민스터에 입학하여 주로 그리스어, 라틴어, 히브리어를 배웠다. 웨스트민스터 학교는 옥스퍼드의 크라이스트 처치 칼리지와 연결되어 있었고, 로크는 웨스트민스터 출신 소년들을 위한 세 가지 장학금 중 하나를 받았으며, 1652년 가을 옥스퍼드에 거처를 마련했다.

로크가 옥스퍼드에서 보낸 시기는 그의 일생에서 제2기를 대표한다. 교과과정은 50년 전 젊은 홉스(Thomas Hobbes)를 화나게 했던 스콜라 철학과 아리스토텔레스의 학설과 논쟁법으로 채워져 있었다. 로크는 스콜라 철학의 논쟁법과 그것과 관련된 학문 모델을 싫어하게 되었다.『인간지성론』의 주제 가운데 하나는 경험주의자의 모델에 동의하고 스콜라 철학의 학문 모델을 거부하는 것이다. 그렇기는 해도 로크는 1657년에 학사학위를 위한 요건, 이어서 1658년에 석사학위를 위한 요건을 충족했다.

로크는 진로를 결정해야 했다. 옥스퍼드 졸업생의 대다수는 사제로 임명되었다. 로크의 아버지도 아들이 사제가 되기를 원했던 것 같다. 하지만 끝내 로크는 사제서품을 받지 않기로 결정했다. 그에게 남은 가장 가능성 있는 선택은 의학이었다. 그는 1650년대 후반에 진지하게 의학을 탐색하기 시작했다. 옥스퍼드에는 의학의 경험적 연구를 지지하는 활발한 집단이 있었다. 로크는 이 집단에 가입했고, 의학 공부는 궁극적으로 자연철학과 화학에 흥미를 갖게 했다. 그는 1660년 무렵 어느 땐가 보일을 만났다. 보일은 공기 펌프를 연구한 화학자였고, 새로운 기계론적인 입자 철학을 주창하는 옥스퍼드 집단의 리더였다. 왕정복고 뒤에 이 집단은 옥스퍼드를 떠나 런던으로 옮겨갔고, 왕립학회를 설립했다. 로크가 공기 펌프에 관한 보일의 저작과 데카르트(Descartes)의 과학 및 철학 저작을 읽기 시작한 것은 1660년대 초였다.

찰스 2세의 잉글랜드 왕위 복권과 권위주의 정부 수립으로 로크는 국교회 신학책을 읽게 되었고, 가톨릭 신자와 프로테스탄트 비국교도 둘 다를 반대하는 논쟁에 참여하게 되었다. 그는 국가 지도자가 모든 사람을 위한 종교 예배 형식을 결정할 권리를 갖는다고 주장하는 두 편의 글을 썼다. 이를 근거로 밀턴(J. R. Milton)은 로크가 1660년대 초에 크게 보아서 정통 국교도였다고 주장한다. 로크는 "그 자신이 받아들이지 않았던 종교적 정통성 부여를 요구하는 정책을 거의 옹호하지" 않았을 것이다(밀턴: 7). 로크는 대학에서 좋은 평가를 받았고, 1660년대에 일련의 직책을 맡았다.

로크가 1666년 여름에 잉글랜드에서 가장 부유한 사람 가운데 하나였던 애슐리 경(Lord Ashley)을 만나지 않았더라면 당연히 옥스퍼드에 남았을 것이다. 애슐리는 건강이 좋지 않아 약수를 구하러 옥스퍼드에 왔다가 로크를 만났다. 두 사람은 우호적인 사이가 되었다. 애슐리는 로크에게 자신의 주치의가 되어달라고 제안했다. 로크는 그 제안을 받아들여 다음 해 런던으로 갔다. 그로부터 로크 일생의 제3기가 시작되었다.

런던에서 로크는 애슐리 경의 저택인 엑서터하우스에 묵었고, 1668년에 확실히 애슐리 경의 생명을 구한 간 낭종 수술을 성공적으로 감독했다. 가족들은 환자의 놀라운 회복을 보고 로크를 전적으로 신뢰하게 되었다. 애슐리가 정부 관료가 됨에 따라, 로크는 주치의뿐만 아니라 경제 연구자, 무역·식민위원회 서기의 역할도 맡았다. 애슐리는 미국 캐롤라이나에 영국 식민지를 수립하는 계획에서 재무 담당자가 되었고, 로크는 캐롤라이나 영주 식민 담당관의 서기로 근무했으며 캐롤라이나 기본 헌법의 작성에 참여했다.

1671년 엑서터하우스에 있는 로크의 방에서 열린 모임은 『인간지성론』을 집필하는 계기가 되었다. 토론은 도덕과 계시 종교에 대한 인간 지성의 한계라는 쟁점을 제기했다. 인간 지성의 한계를 결정하는 것은 『인간지성론』의 주된 목적이 되었다. 로크는 또한 신과 우리 자신의 본성과 물리적 우주에 관한 근본적·실질적 진리를 이성이 제공한다고 주장했던 데카르트와 그의 추종자들은 물론, 지식의 가능성을 부정하는 르네상스 회의주의자들에게 대응하고 있었다.

애슐리 경은 1672년에 잉글랜드의 대법관이 되었고, 또한 제1대 섀프츠베리(Shaftesbury) 백작이 되었다. 섀프츠베리는 결국 (그가 영연방 정부의 관료가 된 이래 아마도 그를 결코 신뢰한 적이 없었던) 왕과 사이가 틀어졌다. 그는 1673년 대법관직에서 해임되었고, 반정부 세력의 지도자가 되었다. 1675년에 로크는 프랑스로 가서 3년 반 동안 머물렀다. 그곳에서 프랑스어를 배웠고, 데카르트와 가상디(Pierre Gassendi)의 저명한 추종자들을 만났다. 이 기간에도 그는 『인간지성론』을 계속 집필했다.

1679년 5월 로크는 잉글랜드로 돌아왔다. 잉글랜드는 정치적 위기의 극심한 고통 속에 있었다. 가톨릭 음모 사건(찰스 왕을 죽이고 가톨릭 신자인 그의 동생을 왕으로 옹립하려 한다는 거짓 음모)은 반가톨릭 감정을 촉발했다. 섀프츠베리와 그의 지지 세력은 가톨릭 신자임을 공언한 요크 공작 제임스가 그의 형을 계승하여 잉글랜드 왕위에 오르는 것을 배제하려는 시도를 하고 있었다. 찰스는 의회를 해산함으로써 첫 번째 배제 법안은 피했지만, 두 번째는 상원에서 실패했다. 찰스가 법안이 하원에 상정되기도 전에 1681년 옥스퍼드 의회를 해산함으로써 세 번째 배제 법안이 실패했을 때, 휘그당의 다수는 포기하고 귀향했다. 반면에 섀프츠베리가 이끄는 급진 세력은 혁명을 심각하게 고려하기 시작했다. 로크가 『통치론』을 쓴 것은 이러한 맥락에서였다. 찰스는 섀프츠베리를 진압하기로 결정했고, 섀프츠베리는 결국 은신하게 되었다. 왕과 그의 동생을 죽이려는 음모가 실패하자, 섀프츠베리는 네덜란드로 피신했고, 1683년 1월에 그곳에서 죽었다. 왕과 그의 동생을 죽이려는 라이하우스 음모는 배신자들에 의해 발각되었고, 정부는 1683년 6월 관련자들을 체포하기 시작했다. 로크는 체포가 시작되기 일주일 전 런던을 떠나 서부 지방으로 가서 신변을 정리하고, 1683년 9월 네덜란드로 망명했다.

네덜란드에서도 로크는 망명자들의 잉글랜드 혁명운동에 적극적으로 참여하는 한편, 『인간지성론』 집필에도 열중했다. 1683년 겨울부터 1686년까지 집필에 전념해서 거의 마무리 단계에 이르렀다. 그는 일부 초안을 잉글랜드로 보냈다. 1685-1686년의 겨울 동안 『관용에 관한 편지』를 쓰기 위해 『인간지성론』의 집필을 잠시 중단하기도 했다. 『관용에 관한 편지』는 로크가 잉글랜드로 돌아온 지 몇 달 뒤에 익명으로 출판되었다. 로크는 잉글랜드의 종교적 관용에 지속적인 관심을 가졌던 반면에, 이 저작은 1685년 루이 14세의 낭트칙령 폐지에서 영감을 받았던 것 같다. 낭트칙령이 폐지되자 프로테스탄트 난민들이 프랑스 국경을 넘어 네덜란드로 몰려들기 시작했다. 로크가 교회와 국가의 분리를 주장하는 것은 이 저작에서다.

로크가 네덜란드에서 망명 생활을 하던 중, 찰스 2세가 1685년에 죽고 그의 동생 제임스가 왕위를 계승했다. 제임스 2세는 자신을 지지하는 세력들을 멀리했고, 이는 오라녜의 윌리엄이 1688년 군대를 이끌고 영국 해협을 건너게 한 원인이 되었다. 윌리엄이 상륙하자마자 제임스는 저항해봐야 소용없음을 깨닫고 프랑스로 도망쳤다. 1688년의 이른바 명예혁명으로 로크는 안전하게 귀국할 수 있게 되었다. 그는 남편과 합류하려는 메리 공주를 태운 왕실 요트를 타고 잉글랜드로 돌아왔다.

잉글랜드로 돌아온 로크는 두 주요 저작의 출판을 준비하기 시작했다. 『통치론』은 1689년 10월에 나왔고, 『인간지성론』은 1689년 12월 초에 나왔다. 두 저작 모두 표지에는 1690년으로 찍혀 있지만 그 이전에 출판되었다. 『인간지성론』은 본명으로 출판되었으나 『통치론』은 익명으로 출판되었다. 『관용에 관한 편지』의 영문 번역판도 그해에 출판되었다(로크, 1823, 6권: 1-58).

『인간지성론』은 로크의 '마그눔 오푸스'(걸작)이다. 이 책으로 그는 당대의 가장 위대한 철학자 가운데 한 명으로 이름을 날리게 되었다. 이 책은 『인간지성론』의 최고의 비판적 판본 편집자인 니디치가 말한 것처럼, "체계적 경험주의의 으뜸가는 고전"이었다. 또한 그가 계속하여 말했듯이, "모든 후대 경험주의의 생명의 조상"이었다(로크, 1975: ix). 이후 14년에 걸쳐 『인간지성론』의 네 개 판본이 출간되었고, 5판은 1704년 로크가 사망한 직후에 나왔다. 초판과 2판 사이, 그리고 3판과 4판 사이에는 실질적인 변화가 있었다. 여러 판에서 수정된 모든 내용은 1975년 클래런던 출판사에서 발행된 니디치의 『인간지성론』의 훌륭한 판본에 기록되어 있다. 이 책에서 『인간지성론』의 인용은 모두 니디치 판본을 참조한 것이다. 그렇지만 권, 장, 절의 번호는 『인간지성론』의 다른 판본들에서 본문의 밑에 언급된 구절들을 쉽게 찾을 수 있게 했다. 『인간지성론』이 출판된 뒤, 로크는 자신을 비판하는 사람들에게 거의 반응하지 않았는데, 스틸링플릿 주교에게만은 예외였다. 주교는 여러 지각적 불만들과 함께 새로운 '관념의 방식'이 회의주의를 불러올 것이라고 비난하면서 로크의 철학에 다양한 반대 의견을 제기했다. 로크는 스틸링플릿에게 상세히 응답했다(로크 전집에 수록된 『인간지성론』의 분량은 874쪽, 스틸링플릿에게 보낸 편지의 분량은 498쪽에 이른다―옮긴이). 『인간지성론』의 어떤 판본에는 로크와 스틸링플릿이 주고받은 편지의 일부가 실려 있다. 나는 이 책에서 『인간지성론』의 의미를 명료하게 하는 편지의 내용을 종종 언급한다.

　　로크는 1700년 무렵 정부 봉직으로부터 은퇴하고 1704년에 사망할 때까지 오츠의 전원에 있는 다마리스와 프랜시스 마샴 경(Damaris and Sir Francis Masham)의 가족 저택에 머물렀다. 그는 죽기 직전까지 출판을 위해 자신의 저작들을 개정하는 일을 계속했다.

2장
주제들의 개관

로크의 『인간지성론』은 니디치 판에서 721쪽 분량이다. 이 책은 주로 형이상학과 인식론에서 중요한 쟁점들을 다룬다. 그렇지만 이 쟁점들은 종종 종교와 도덕과 정치와 관련하여 더 넓은 함의를 갖는다.

로크는 인간 지성의 범위와 한계를 결정함으로써 부분적으로 회의주의자들을 다루는 하나의 길로서 『인간지성론』을 제시한다. 그는 또한 스콜라 철학과 이성주의자의 '쓰레기'를 제거하여 우리가 지식을 더 쉽게 얻게 해줄 경험주의자의 프로그램을 상세히 전개하고 있다. 이러한 점에서 그는 자신을 그 시대의 위대한 과학자들의 '조수'로 여긴다. 하지만 지식의 증거 기반을 제공하는 것으로서 경험을 강조하는 로크의 경험주의와 우리가 경험할 수 없는 입자들을 통해서 설명을 제공하는 입자 철학 또는 원자론 사이에는 팽팽한 긴장이 있다. 게다가 로크는 17세기의 과학적 성취를 반대하기 위해서 경험주의를 이용하는 버클리 같은 보수적인 종교인은 확실히 아니다.

『인간지성론』 1권에서 로크는 사변적이거나 실천적인 본유 원리와 관념이 있다는 학설을 논의하고 반박한다. 본유 관념의 거부는 종교, 철학, 도덕, 정치에 대한 반권위주의적 함의를 갖는다. 『인간지성론』 2권에서 로크는 관념의 기원에 관해 적극적인 설명을 제시한다. 즉 우리의 모든 관념은 감각으로부터든 반성으로부터든 궁극적으로 경험에서 유래한다. 2권에서 몇몇 주목할 만한 주제들은 물체, 자유의지와 의욕, 그리고 인격 동일성에 관한 우리 관념의 본성을 포함한다. 3권에서 로크는 언어, 언어와 지식의 관계를 논한다. 언어의 결함과 남용을 다루는 제안은 물론, 본질과 분류, 추상, 자연종, 실체와 양태의 본성에 관한 쟁점들이 있다. 4권에서는 지식을 정의하고, 지식의 등급, 종류, 한계와 개연성, 그리고 신앙과 이성의 관계에 대해 말한다. 특별히 흥미로운 것은 유물론, 신의 존재, 이성과 신앙의 관계에 관한 쟁점들이다.

우리는 『인간지성론』을 관통하는 중요한 주제들 가운데 인간 성숙, 자율성, 자유와 행복에 도달하기 위해 이성과 탐구가 맡는 핵심적 역할에 주목할 수도 있다. 이렇게 우리의 추론 능력의 향상을 강조하는 것은 로크의 반권위주의와 이성적 종교에 대한 그의 옹호를 중요한 방식으로 연결한다. 자유의지와 결정론(2권, 21장)에 관한 로크의 논의와 인격 동일성(2권, 27장)과 윤리(2권, 28장)에 대한 그의 관점은 이 주제와 연결된 중요한 요소들이고, 이 책에서 가장 흥미로운 절들에 속한다.

아마도 『인간지성론』 전체에서 가장 중요한 해석적 문제를 제기하면서 4권의 실재적 지식의 논의에서 정점을 이루는 한 가지 쟁점이 있다. 그 쟁점(2권, 3권, 4권에서 다른 형식으로 등장하는)은 우리가 우리 자신의 외부에 있는 사물들에 관해 무엇인가 알기 위해 우리 자신의 경험 바깥으로 나갈 수 있느냐 하는 것이다. 회의주의에 대한 로크의 반응은 이와 연관된 주제다.

독자에게 드리는 서한

로크의 『인간지성론』은 '독자에게 드리는 서한'으로 시작한다. 이 서한에서 그는 어떻게 『인간지성론』을 쓰게 되었고, 독자가 어떻게 그것을 읽어야 하는지에 관한 약간의 정보를 제공한다.

> 번거로움이 허락된다면, 이 책의 내력을 소개하는 말씀을 올리겠습니다. 어느 날 대여섯 명의 친구가 제 방에 모여 이 책의 내용과는 매우 거리가 먼 주제를 놓고 토론했는데, 우리는 곳곳에서 발생한 난문들 때문에 이내 막다른 골목에 다다르고 말았습니다. 우리는 우리를 혼란에 빠뜨린 문제를 전혀 해결하지 못해 얼마간 당황했습니다. 그때 저는 문득 우리가 선택한 길이 잘못된 것이고, 우리는 이런 성질의 탐구에 들어가기 전에 먼저 우리 자신의 능력부터 살펴보고 어떤 대상이 우리 지성으로 다루기에 적합한지 그렇지 않은지를 알 필요가 있다고 생각했습니다. 제가 이 점을 동료들에게 말하자 그들도 모두 기꺼이 동의했으며 그러한 것이 우리의 일차적 탐구가 되어야 한다는 데 즉시 의견 일치를 보았습니다. ('서한': 7)

그는 다음번 모임을 위해 몇 가지 '섣부르고 충분히 소화되지 않은 생각'을 기록했다. 그리고 이것들은

이 책의 첫머리가 되었습니다. 이 책은 이렇게 우연히 시작되었고, 그 뒤에
는 간청에 의해 지속되었습니다. 저는 이 책을 들쭉날쭉 부분적으로 쓰다가
그대로 두고 한동안 쉰 다음 기분이 내키거나 기회가 있을 때마다 다시 손
에 잡고는 하다가, 마침내 건강을 돌보느라 한가한 시간을 갖고 은퇴하여
지내는 중에 여러분께서 지금 보는 바와 같은 체계를 갖추게 되었습니다.
('서한': 7)

이 모임에 참석했던 로크의 친구 가운데 한 명인 티렐(James Tyrell)은,
자신의 『인간지성론』 사본에 당시 그들을 곤혹스럽게 했던 것은 도덕
과 계시 종교에 관한 쟁점들이었다고 기록했다.

이 이야기는 우리에게 왜 로크의 『인간지성론』이 시작부터 성공적이
었는지를 설명하는 하나의 단서를 제공한다. 욜턴(John Yolton)은 다
음과 같이 쓰고 있다.

로크의 문체 말고도, 그의 인기를 설명하는 또 하나의 중요한 요소는 17세
기 대다수 사람들에게 대단히 중요한 의미가 있는 종교적·도덕적 물음들에
관해 그가 담론의 방향을 정한 방식이었다. 비인식론적 물음들은 지식의 문
제에 대한 논의에 자극제 역할을 했다. 자신의 학설이 그것이 유래한 맥락
에 적용되는 것으로 여겨지고 있음을 발견한 것은 로크에게 전혀 놀라운 일
이 아니었을 것이다. 그의 책에 가장 예민하게 반응한 사람들은 그 책에서
말하는 원리들이 자신들의 가치에 어떤 이익이나 해악을 가져올 것인지에
관심을 가진 신학자들과 도덕가들이었다. 17세기에는 과학에 대한 강한 관
심이 두드러졌다. 그러나 여전히 사람들의 마음에서 최고의 관심사는 종교
와 도덕에 관한 것이었다. 따라서 그들의 가치를 위해서 지식의 문제를 해
결하려는 로크의 관심은 그의 책에 광범위한 인기를 가져다준 그의 문체 및

유려함과 잘 조화되었다. (욜턴, 1996 : 21-2)

멜런(Paul Mellon)이 러블레이스 문서(Lovelace paper : 1947년부터 일반에게 공개된 로크의 미간행 저술들 ― 옮긴이)를 구매하여 옥스퍼드대학에 기증한 덕분에 20세기에 우리는 『인간지성론』의 구성에 관해 훨씬 더 많이 알게 되었다. 이 문서는 무엇보다도 『인간지성론』의 몇몇 초안을 포함하고 있다. 이 초기 초안들이 출판되면서 학자들은 로크 사상의 발달을 추적하기 시작했다.

그 탄생의 내력을 말하면서, 로크는 『인간지성론』의 목적이 우리가 특정한 주제에 관한 특정한 진리를 발견하려는 노력에 착수하기 전에 우리의 지성이 다루기에 적합하거나 적합하지 않은 대상이 무엇인지를 결정하려는 것이라고 선언한다. 로크는 우리가 만약 이러한 결정을 하지 않는다면, 우리 자신이 그와 그의 친구들처럼 막다른 길에 갇히며 (즉 우리의 탐구를 진행할 수 없으며) 우리의 난제에 대한 어떤 해결책도 찾지 못할 것임을 알게 되리라고 생각한다. 도덕과 종교에 관한 쟁점이 『인간지성론』의 인기를 높인 반면에, 학문, 그리고 학문과 지식의 연관성에 대한 로크의 관심 역시 『인간지성론』에서 두드러진 역할을 한다. 또 다른 유명한 구절에서 로크는 독자들에게 다음과 같이 말한다.

학문의 진보에서 원대한 구상으로 후세에 칭송받을 영원한 기념비를 남긴 대가들이 없었다면, 오늘날과 같은 학문 공동체는 존재할 수 없었을 것입니다. 그러나 누구나 다 보일이나 시드넘(Sydenham) 같은 학자가 되기를 바랄 수는 없으며, 위대한 하위헌스(Huygenius)나 저 비견될 수 없는 뉴턴 선생 같은 거장이 탄생한 이 시대에서는 약간의 바닥을 청소하여 앎으로 나아가는 길에 놓여 있는 쓰레기를 치우는 조수로 고용되는 일조차 야망으로 여

겨질 수 있습니다. ('서한' : 9-10, 34-5)

로크는 자신의 저작이 하위헌스와 뉴턴, 보일과 시드넘의 과학적 저작의 세 단계 아래에 있는 것으로 여겼다. 그는 지적 쓰레기를 치우는 비천한 사람이다. 그가 쓰레기로 간주하는 것은 주로 그 당시 대학에서 가르치던 아리스토텔레스 철학과 스콜라 철학인 것으로 판명된다. 로크는 "기묘하고 부자연스럽거나 이해할 수 없는 용어들을 박식하지만 천박하게 사용하는 일이 학문에 도입되어, 재능 있고 성실한 이들의 노력을 방해하지 않았더라면"('서한' : 10) 지식이 훨씬 더 많이 진보했으리라고 말한다. 그는 계속한다.

> 모호하고 무의미한 표현과 언어 남용은 오랫동안 학문의 신비로 통용되어 왔습니다. 거의 무의미하거나 전적으로 무의미한 난해하고 오용된 낱말들은 명령에 따라 심오한 학문이나 고매한 사색으로 오해되는 권한을 갖게 되었으며, 이런 낱말들은 말하거나 듣는 이에게 무지의 은폐이고 참된 지식의 방해물이 될 뿐임을 설득하기란 쉽지 않은 일이 될 것입니다. ('서한' : 10, 11-17)

여기서 우리는 로크가 왕립학회의 과학자들뿐만 아니라 베이컨, 홉스, 데카르트를 포함한 그 시대의 다른 많은 유럽의 사상가들과 함께 대학에서 가르치고 있던 아리스토텔레스/스콜라 철학에 대한 반란에 참여하고 있음을 알게 된다. 로크는 스콜라 철학보다 데카르트를 훨씬 더 좋게 생각하지만, 로크가 받아들이지 않는 신, 정신, 물체에 대한 데카르트 철학의 많은 중요한 국면이 있다는 것이 판명된다. 로크의 주장 가운데 또 하나 주목할 만한 점은 쓰레기 제거의 상당 부분이 『인간지성론』3권에 나온다는 것이다.

우리가 서론에서 보게 되는 것처럼, 로크의 수고는 단지 스콜라 철학의 지적 쓰레기와 데카르트주의적 오류를 제거하는 것 이상의 것들을 포함한다. 그는 무엇보다도 우리 자신의 능력과 힘에 관한 설명을 제공하고, 이 광대한 우주 속에 있는 우리의 초라한 거처를 지적해주며, 이 승과 내세에서의 인류 번영과 함께, 개인의 완전한 성숙에서 이성과 탐구가 하는 역할을 묘사하고 있다. 그것을, 아슬레프(Hans Aarsleff)는 '인간애에 대한 교육'(아슬레프, 1994: 260)이라고 불렀다. 이것은 한낱 조수라는 겸손한 직책이 시사할 수 있는 것보다 더 거대한 야망을 시사한다.

『인간지성론』1권

서론

관념의 자연사

『인간지성론』서론 2절에서 로크는 우리에게 그 자신의 방법이 역사적이고 명료한 방법이 될 것이라고 말한다(1. 1. 2. 4-8.: 44). 그가 '역사적이고 명료한 방법'에 대해 말할 때 마음속에 품은 것은 무엇인가? 로크가 관심을 가진 것은 우리가 가진 '사물 개념'의 기원에 관한 하나의 설명을 제공하는 것으로 보인다. 그는 이렇게 말한다(서론 3절).

> **첫째**, 나는 **관념**, 개념 또는 당신이 무엇이라고 부르고 싶어 하든지 간에 사람이 자신의 마음속에 가지고 있는 것을 관찰하고 스스로 의식하는 것의 **기**

원과 그런 것이 지성에 제공되는 방식을 탐구하겠다. (1. 1. 3. 22-25.: 44)

그래서 그의 목적은 우리 자신이 마음속에 갖고 있다고 관찰되는 관념들을 어떻게 얻게 되는지를 발견하는 것이다. 이것은 "지성이 그러한 **관념들**에 의해 갖는 **지식**이 무엇인지, 그리고 지식의 확실성, 명증성, 범위"를 결정하는 토대를 제공할 것이다(1. 1. 3. 26-28.: 44).

하지만 로크는 역사적이고 명료한 방법이라는 생각을 어디에서 얻었는가? 로크는 보일이 이끌었던 옥스퍼드 과학자 집단의 일원이었다. 왕정복고 이후 이 집단은 런던에 왕립학회를 설립하는 일에 주도적인 역할을 했고, 로크는 그 학회의 초기 구성원 중 한 명이었다. 학자들은 왕립학회의 과학 프로그램을 열심히 연구했다. 한 계통은 베이컨에서 비롯되어 관찰과 실험을 통한 사실의 수집에 관여했다. 다른 계통은 물질에 관한 기계론적 철학과 입자 가설의 수용이었다. 욜턴은 『로크와 인간 지성의 범위』(*Locke and the Compass of Human Understanding*)에서 입자 가설 수용보다 관찰과 자연사 수립이 왕립학회의 과학에 훨씬 더 근본적이었다고 주장한다(욜턴, 1970: 7-8). 욜턴이 말하는 바와 같이 "과학에 관한 17세기 저술가들의 마음속에는 기계론적 철학과 실험 철학의 구분이 있었고, 실험 철학은 자료를 얻고 현상의 역사를 편찬하는 방법이었다."(욜턴, 1970: 6) 그는 계속해서 17세기에는 자료의 부족이 잘못된 추론의 가장 큰 원인이었다고 언급한다. 이 사실에서 베이컨이 옹호했던 관찰과 사실 축적의 중요성이 유래한다. 역사적이고 명료한 방법에 관한 로크의 관심은 아마도 더 직접적으로는 의사인 시드넘으로부터 온 것 같다. 로크는 1660년대 후반에 시드넘과 협력하고 있었다. 로크의 문서 가운데 친필로 『의술에 관하여』(*De Arte Medica*)라는 제목을 단 저작이 있다. 이 책은 질병의 본성에 관한 가설들에 대해 깊은 회의주의를 드러내면서 의학적 실행에 경험적 접근을 할 것을 옹호한다(밀턴: 9). 로크는 시드넘보다는 보일과 입자론자들과 더 가까웠지만, 특정한 물체에 관한 입자론적 설명을 제공할 가능성에 관해서는 여전히 회의적이었다.

로크의 기획에서 가장 주목할 만한 점은 그가 의학과 자연철학의 기술을 인간의 마음에 적용하고 있다는 것이다. 우리가 어떻게 관념을 얻고, 어떤 관념들이 얻어지는지를 발견함으로써, 로크는 우리가 가질 수 있는 지식이 무엇인지, 그리고 인간 지성의 한계는 무엇인지를 결정할 수 있다고 생각했다.『인간지성론』1권과 2권은 관념의 기원에 관한 발생론적 설명과 명백하게 연관되지만, 언어로 표현되는 것으로서 관념, 지식과 개연성을 각각 다루는 3권과 4권은 아마도 지성의 자연사에서 뚜렷한 단계들을 대표할 것이다.

『인간지성론』의 기획

인간 삶의 개선과 번영

로크의 철학은 인간 번영을 향한 진보의 가능성에 관해서 본질적으로 낙관적이다. 그는 인간을 지식의 측면에서 제한되고 유한한 존재로 본다. 그러나 우리는 우리의 한계로 인해 고통받아서는 안 된다. 그는 "우리 지성의 이해력이 사물의 광대한 범위에 훨씬 못 미치지만, 우리를 존재하게 한 조물주가 우리의 이 대저택에 사는 다른 모든 거주자를 훨씬 능가하도록 우리에게 준 지식의 양과 수준 때문에 관대한 조물주를 찬미할 충분한 이유가 있다"(1. 1. 5. 15-19.: 45)라고 쓰고 있다. 그는 계속해서, 신은 우리에게 "생활의 편의와 덕을 아는 데 필요한 것은 무엇이든지 주었고, 또 우리를 현세를 위한 충분한 준비물과 더 나은 삶으로 이끄는 길을 발견할 수 있는 범위 안에 두었다"(I. I. 5. 20-25.: 45)라고 말한다. 로크의 관점에서 경험적 탐구는 '현세를 위한 충분한 준비물'로 이끌 것이라는 의미에서뿐만 아니라, 개인이 증거가 없이는 다른 사람들을 믿지 않게 한다는 의미에서도 우리를 인간의 번영 쪽으로 향하게 한다. 로크의 철학을 관통하는 경향 중 하나는 반권위주의인데, 그것은 로크의 정치학 저작들에서 가장 두드러지긴 하지만 탐구의 가치에 관한 그의 견해와 본유 관념에 관한 그의 거부에서도 똑똑히 드러난다. 탐구, 이성의 사용은 진정한 자유와 인간 성숙을 위한 열쇠다.

지성의 한계 설정

로크는 인간 지성을 유한한 것으로 본다. 『인간지성론』의 주된 목적 가운데 하나는 인간 지성의 범위가 어디까지인지를 결정하려는 것이다. 로크는 이러한 범위의 설정이 실천적이고 인식론적인 혜택을 둘 다 가져오리라고 생각한다. 그것은 또한 인간 삶의 행동을 지배하는 데 필요한 지식을 얻으려는 노력을 나타낸다(1. 1. 6. 27-32.: 46). 로크는 인간 지성의 경계를 설정하는 것이 (탐구가 우리가 이해할 수 있는 것의 범위 안에 있음을 우리에게 확신시킴으로써) 어떤 영역의 탐구에 도움이 되고 회의주의를 줄이리라고 생각한다(1. 1. 7. 1-23.: 47 참조). 로크는 우리가 인간 지성의 경계를 모를 때 회의주의가 발생하며, 우리가 그러한 무지를 제거할 때 회의주의가 줄어들 것이라고 생각한다. 우리의 이해력을 넘어선다는 표지는 우리가 답할 수 없는 물음을 제기하고, 해결할 수 없는 논쟁을 증가시킨다는 것이다(『인간지성론』을 탄생하게 했던 로크의 방에서 가졌던 모임에 대해 로크가 '독자에게 드리는 서한'에서 설명하는 것과 이 구절을 비교해보라). 아마도 우리의 응답 역량 안에 있는 물음이라면, 우리는 결국 그 물음에 답할 수 있을 것이다.

　인간 지성의 범위 탐구는 위대한 프랑스 철학자 데카르트한테서 발견할 수 있다. 데카르트의 기획은 알 수 있는 것과 알 수 없는 것을 결정하려는 것이다. 하지만 로크는 그 기획의 전체적인 범위에 관해서 더 명확하다. 지식만 그의 흥미를 끄는 게 아니라, 개연성과 신앙도 그의 흥미를 끈다. 인간 지성의 범위를 발견하려는 이 노력은 유럽 철학에서 영향력 있는 주제가 된다. 우리는 버클리와 흄이 이러한 노력을 하고 있음을 볼 수 있다. 칸트 철학에서 핵심적인 것은 이성으로 알 수 있는 진리(**종합적이며 선험적인** 진리)가 무엇인지, 그리고 이성에 의해 알려지는 주장들 가운데 어떤 것이 부당한 것인지를 탐구하는 것이다. 『순수이성비판』의 이율배반 논의에서 칸트는 탐구가 인간 지성의 경계를 넘어갔다는 신호가 무엇인지 상세히 설명한다. 이 점에서 그는 데카르트의 상속자이지만, 더 특정하자면 로크와 흄의 상속자다. 현대 철학자들은 아직도 이 쟁점과 씨름한다.

본유 원리: 관념의 그릇된 기원

『인간지성론』 1권의 나머지 부분의 목적은 소극적이다. 로크는 사변적이고 도덕적인 우리의 원리들이 마음에 새겨져 있다는 주장을 채택하고 검토한다. 그가 이해하는 바로 그 주장은, 이 원리들이 본유적이거나 우리가 태어날 때부터 갖고 있다는 것이다. 로크의 목적은 이 주장이 틀렸음을 보여주는 것이다. 로크가 왜 본유 원리들에 대한 이 공격을 『인간지성론』의 맨 앞에 놓았는지는 수수께끼다. 그는 왜 자신의 적극적인 경험주의자 프로그램으로 시작하지 않았을까? 애서턴(Margaret Atherton)은 로크의 경험주의와 그의 본유 관념 공격의 관계에 관한 전통적인 해석이 로크의 본유성 거부가 그의 경험주의의 결과라고 시사할 때, 로크 주장의 순서를 틀리게 한다고 제안했다. 그녀가 보기에, "우리 관념들이 유래하는 곳에 대한 로크의 증명은 그가 본유성의 가능성을 거부하는 것에 의존하며, 이 거부 또한 정신력이 어떤 것인지, 그리고 심적 상태는 무엇에 기인하는지에 관한 그의 이해에서 유래한다."(애서턴: 48) 우리는 로크의 논증을 검토할 때 심적 상태의 쟁점을 채택할 것이다.

1권에서 로크는 자신이 공격하는 본유 원리와 관념을 옹호하는 사람들의 이름을 우리에게 제시하지 않는다. 학자들은 데카르트, 케임브리지 플라톤주의자들, 스콜라 철학자들, 그리고 종교와 정치 분야의 광신적인 분파주의자들을 포함해서, 가능한 표적의 범위를 제공해왔다. 심지어 로크는 단 한 명도 마음에 두지 않았고, 그가 논박하려는 입장을 구성하고 있다는 제안도 있다. 욜턴은 17세기 잉글랜드에 종교적이고 도덕적인 신념을 보존하려고 본유 원리들의 언어를 사용했던 상당량의 문헌이 있었다는 것을 매우 설득력 있게 보여주었다.

본유 원리와 관념에 대한 로크의 공격에 반권위주의적 요소가 들어 있다는 것은 『인간지성론』에서 분명하게 드러난다. 1권에서 2권으로 이행하는 것을 보면서 우리는 로크가 본유 관념을 수용하는 사람들을 통제하고 지배하기 위해서 본유 관념의 용도에 관해 말하고 있는 것을 발견한다(1. 4. 24. 32-10.: 101-2 참조). 이 구절은 로크가 관심을 갖는 본유 관념 학설을 가르치는 사람들이 탐구와 질문을 멈추게 하고 다른 사람들의 마음을 통제할 수단을 얻기 위해서 그 학설을 사용한다는 것을 시사한다. 로크의 반권위주의와, 진리와 지식을 획득하는 수단으로서 탐구에 관한 그의 전망은 여기서 분명히 연관된다. 탐구는 우리에게 이성과 판단을 사용하기를 요구한다. 이성과 판단을 사용하는 것은 인간의 잠재력을 실현하는 것이다. '대가와 스승들'이라는 이 말은 마찬가지로 로크가 대학의 스콜라 철학적인 교과과정을 이성적 탐구를 차단하는 것으로 보았음을 시사한다. 4권 7장 10절 596-597쪽에서 로크는 지식의 첫 번째 원리들로부터 나머지 부분까지 추론하는 스콜라 철학적인 학문의 모델을 본유 원리 학설과 연결한다. 4권 17장에서 그는 삼단논법은 진리를 발견하는 데 거의 쓸모가 없다고 주장한다. 이런 식으로 로크는 스콜라 철학적인 학문 모델, 원리들이 본유적이라는 스콜라 철학적 주장, 그리고 스콜라 철학자들이 지식의 첫 번째 본유적인 원리들로부터 나머지 부분까지 논증하기 위해 사용했던 삼단논법을 거부한다.

우리는 로크가 본유 원리 편을 들어 주장했던 철학자들에게 관심을 가졌다는 사실을 안다. 2권 1장 9-20절에서 로크는 영혼이 생각하는 사물(*sum res cogitans*)이라는 데카르트의 학설을 공격한다. 그가 이 학설을 영혼이 본유 관념을 갖는다는 것을 함축하는 것으로 여겼음은 명백하다. 로크는 또한 원래 『인간지성론』에 추가하려고 의도했지만, 결국 별도로 출판했던 『신 안에서 모든 사물을 본다는 말브랑슈의 견해에 대한 검토』(*Examination of the Opinions of P. Malebranche in seeing all Things in God*, 로크, 1823, Vol. 9)라는 긴 글을 썼다. 말브랑슈와 노리스(John Norris) 같은 그의 잉글랜드 추종자들에 대한 로크의 반대 견해의 상당 부분은 본유 관념 옹호와 관련된다. 4권에서 로크는 스콜라 철학자들과 아리스토텔레스주의 철학자들을 본유 관념과 연관시킨다(4. 7. 3. 11-33.: 600 참조). 4권 12장 4절에서 로크는 자연철학과 도덕 모두에서 그릇된 원리들을 지닌 고대 철학자들을 모두 나열한다. 이것은 학생들이 어떤 원리들을 본유적이라고 수용함으로써 어떻게 영향을 받는지에 관한 좋은 예들의 집합을 우리에게 제시한다.

본유 원리와 관념에 반대하는 논증들

17세기에 본유 원리 사용에 대한 설명에서 욜턴은 본유성 논증에 관한 두 가지 해석을 구별한다. 첫째, 본유 원리를 태어날 때부터 마음에 각인된 것으로 다루는 소박한 해석이 있다. 그러한 관념에 대한 기준은 보편적 동의다. 두 번째 해석은 성향적인 것이다. 이 설명에 따르면 "이 원리들이 태어날 때부터 새겨진다는 주장은 더 이상 포함되지 않았고, 따라서 이후에는 '본유적'이라는 명칭이 우리가 쉽게 동의하는 원리들에만 적용된다는 것을 의미하게 되었다."(욜턴, 1996: 29) 로크는 이 두 가지 해석 모두를 비판한다.

  그는 본유 관념을 "어떤 일차적 개념 (…) 말하자면 사람의 마음에 새겨진 문자가 있어서 영혼이 맨 처음 생길 때부터 받아들여져 세상에 가지고 나오는 것"(1. 2. 1.: 48)으로 묘사한다. 이 탐구를 추구할 때 로크는 사변적 본유 원리가 있다는 주장(1. 2), 실천적이고 본유적인 도덕원리가 있다는 주장(1. 3), 또는 우리가 신, 동일성이나 불가능성에 관한 본유 관념을 갖는다는 주장(1. 4)을 거부한다. 로크는 보편적 동의로부터의 논증을 거부하고, 본유 원리에 관한 성향적 설명도 공격한다.

보편적 동의

따라서 무엇을 '있는 것은 있다' 또는 '동일한 사물이 있으면서 동시에 없을 수는 없다'와 같은 명제들에 대한 보편적 동의로부터의 증거로 여길 것인지를 고려할 때, 그는 만약 그 명제들이 본유적이라면 아이와 백치도 그러한 진리들을 알아야 하지만, 그들은 "그 명제들에 대한 최소한의 이해나 생각도 갖고 있지 못하다"(1. 2. 5. 27-28.: 49)라고 주장한다. 왜 아이와 백치들은 그러한 명제들을 알아야 하고 분명히 말할 수 있어야 하는가? 로크는 그에게는 "새긴다는 것이 무언가를 의미하는 것이라면, 그것은 어떤 진리를 지각되도록 한다는 것 이외의 다른 어떤 것일 수 없다. 영혼이 지각하거나 이해하지 못하는 진리가 영혼에 새겨져 있다고 말하는 것은 모순에 가깝다"(1. 2. 5. 30-34.: 49)라고 말한다. 따라서 로크의 첫 번째 요점은 만약 명제들이 본유적이라면 유아와 백치도 (그리고 다른 어떤 사람도) 즉각적으로 그것들을 지각해야 하지만, 그들이 그렇게 한다는 어떠한 증거도 없다는 것이다.

　여기서 우리는 심적 상태에 관한 로크의 견해가 최초로 나타난 것을 본다. 학자들은 본유 관념에 대한 이 설명이 허수아비 논증이라고 불평했지만, 우리가 살펴본 대로, 욜턴은 이것이 그 경우가 아님을 보여주었다. 하지만 이것은 소박한 관점이다. 그것을 비판할 때 로크는 본유 관념을 갖는다는 것은 우리가 그것을 의식한다는 것을 필요로 한다는 주장에 의탁하는 것처럼 보인다. 애서턴은 "본유성에 관한 로크의 태도는 '마음속에 있음'과 '의식 안에 있음' 간의 강한 연관성에 대한 그의 지각에 과도하게 의존하고 있어서 때때로 간과되어왔는데, 아마도 부분적으로는 그런 견해가 아주 부자연스럽게 제한적인 것처럼 보이기 때문"이라고 주석을 달았다(애서턴: 51). 애서턴에 따르면, 로크는 이 견해를 주장하지만 그 견해의 가장 불행한 결과로 보이는 것을 면할 필요가 없다. 그 이유는 로크가 "특정한 순간에 우연히 의식적으로 고려되고 있는 신념들만 그 사람에게 귀속될 수 있다는 주장에 의탁하지 않기 때문"이다(애서턴: 52). 본유 원리에 관한 더 현학적인 성향적 설명들로 관심을 돌릴 때, 우리는 로크의 논증에서 심적 상태에 관한 이 견해의 중요성을 볼 수 있다. 본유 원리에 관한 성향적 설명은 대체로 본유적 명제들이 어떤 상황에서 지각될 수 있다고 말한다. 이러한 상황에 마주칠 때까지 명제들은 마음속에 지각되지 않은 채 남아 있다. 이러한 조건들이 갖춰지면 명제들은 그때 지각된다. 로크는 1권 2장 5절(5-26.: 50)에서 본유적 명제들이 성향적이라는 설명에 반대하는 논증을 제시한다.

본유적인 명제들에 관한 성향적 설명에 반대하는 이 논증과 로크의 다른 많은 논증들의 본질은 그러한 성향적 설명들은 마음이 발견하게 될지도 모르는 다른 명제들로부터 본유적인 명제들을 구별하기에 적합한 기준을 제공하지 않는다는 것이다. 그래서 설령 어떤 기준이 제시된다 해도, 그 기준은 그것이 하리라고 추측되는 작용을 하지 않음이 판명될 것이다. 예를 들어 로크는 사람들이 "이성을 사용하게 될 때"(1. 2. 6. 8.: 51) 본유적인 명제들이 발견되고 동의를 얻는다는 주장을 고찰한다. 로크는 이 구절의 두 가지 가능한 의미를 고찰한다. 하나는 이 본유적인 명제들을 발견하기 위해 우리가 이성을 사용한다는 것이다. 여기서 그는 그 기준이 수학에서 공리와 정리를 구별하지 못할 것이므로 부적절하다고 주장한다(1. 2. 8. 21-31.: 51). 아마도 정리는 본유적이지 않지만, 공리는 본유적이어야 할 것이다. 그러나 만약 두 가지 모두가 이성에 의해 발견될 필요가 있다면, 그것들은 서로 구별되지 않는다. 또한 정리는 그렇지 않지만 공리는 지각되자마자 동의를 얻는다고 말할 수도 없을 것이다. 지각되자마자 동의를 얻는 것은 확실성의 표지이지만, 본유성의 표지는 아니다. 로크는 마찬가지로 이성에 의해 발견될 필요가 있는 진리들은 결코 본유적이라고 생각될 수 없다고 단정한다.

'이성을 사용하게 됨'에 관한 두 번째 가능한 의미는 우리가 이성을 사용하게 될 때 이 관념들을 발견하지만, 우리가 그런 일을 하기 위해 이성을 사용하지는 않는다는 것이다. 그는 간단히 이 주장이 참이 아니라고 말한다. 우리는 아이들은 이성의 사용을 익히기 전에 그러한 명제들을 습득하는 반면에, 사리분별력이 있는 다른 사람들은 결코 그러한 명제들을 습득하지 않는다는 것을 안다(1. 2. 12. 8-20.: 53).

그러나 독자는 본유적 사변 원리에 관한 로크의 적극적인 설명은 무엇이냐고 물을지도 모른다. 본유성 설명에 대한 그의 대안적 설명은 무엇인가? 54쪽에서 시작하는 14-16절에서 우리는 이러한 공준(maxim)들이 어떻게 생기게 되는지에 관한 로크의 적극적인 설명을 읽게 된다. 관념들을 구별하는 힘은 근본적이기 때문에 아이들도 일찍 습득한다. 그래서 단것과 쓴것을 일찌감치 구별하게 된다. 후에 그들은 언어를 습득해서 다북쑥과 사탕을 구별할 수 있다. 좀 더 지나면 동일성의 재귀성, 담론에서 유용할 수도 있는 곳에서 비모순 원리와 같은 주장들을 추상할지도 모른다. 그래서 로크의 적극적인 설명은 그 공준들이 특정 관념들의 동일성을 파악할 수 있고, 하나의 관념을 다른 관념으로부터 구별할 수 있는 우리의 능력에 기반한 추상적인 일반 원리라는 것이다. 4권에서 이 공준들을 논의할 때, 로크는 그것들을 거의 쓸모없는 것으로 간주한다는 것이 판명된다(4. 7. 3.: 600 참조).

로크가 사변적 원리에서 본유적인 실천적 도덕 원리가 있는지 없는지에 관한 물음으로 관심을 돌렸을 때, 본유적 사변 원리에 반대하는 많은 논증이 계속해서 적용되지만, 추가로 고려할 사항이 있다. 황금률과 같은 실천적 원리가 '있는 것은 있다'와 같은 사변적 원리의 방식처럼 자명하지는 않다. 그러므로 우리는 우리가 왜 황금률을 참이라고 주장하거나 그것에 복종해야 하는지에 관한 이유를 뚜렷하고 분별 있게 물을 수 있다(1. 3. 4. 1-22.: 68). 실천적 원리의 내용에 관해 사람들 사이에 실질적 차이가 있고, 그래서 그 실천적 원리는 사변적 원리보다 훨씬 덜 본유적 명제일 것 같거나 아니면 보편적 동의의 기준에 훨씬 덜 부합할 것 같다.

1권 4장에서 로크는 사변적 원리와 실천적 원리를 둘 다 구성하는 관념에 대한 유사한 논점들을 제기한다. 요점은 만약 원리를 구성하는 관념이 본유적이지 않다면, 이것은 우리에게 그 원리가 본유적이지 않다고 주장할 훨씬 더 많은 이유를 제공한다는 것이다. 이러한 의견을 말하기 위해서 그는 동일성, 불가능성 그리고 신의 관념을 검토한다.

질문

1. 로크가 비판하는 본유성의 두 가지 이론은 무엇인가?
2. 당신은 본유 관념의 소박한 이론에 대한 로크의 비판이 강력하다고 보는가? 그 이유는?
3. 로크는 본유 관념과 우리가 경험을 통해 획득하는 관념을 구별하는 모든 기준이 부적절하다고 주장한다. 무엇이 이러한 기준을 부적절하게 하는가?
4. 로크는 본유적 실천 원리가 있다고 주장하는 것은 본유적 사변 원리가 있다고 주장하는 것보다 덜 그럴듯하다고 생각한다. 그 이유는?
5. 로크가 고찰하지 못한 본유성 학설의 다른 해석들이 있는가? 만약 있다면, 어떤 것들이며, 로크가 고찰하는 것들과 어떻게 다른가?

『인간지성론』 2권

2권의 구성

2권의 대부분은 관념의 기원에 대한 로크의 적극적인 설명으로 채워져 있다. 누군가는 이것이 2권 첫 28개 장에서 로크가 다루고 있는 것이라고 말할지도 모르겠다. 그는 29장부터 32장까지, 뚜렷하고 구별되는지 아니면 모호하고 혼란스러운지 하는 것과 같은, 관념에 관해서 우리가 하는 판단으로 관심을 돌린다. 그리고 마침내 (『인간지성론』 4판에 추가된) 33장에서 그는 관념의 연합을 논한다. 2권의 구성에 관한 이 설명은 다양한 관념들의 기원을 설명하는 과정에서 로크가 철학의 실질적인 문제들을 다루고 있는 범위를 밝히지 않는다. 그는 물질적인 물체와 마음의 본성, 자발적 행위의 본성, 그리고 자유의지와 결정론, 동일성과 인격 동일성, 다양한 다른 화제들에 관한 논쟁들에 대해 말하는 데 많은 흥미를 느낀다.

만약 우리가 이러한 특정한 화제들을 정확히 서술하려고 한다면, 우리는 때로는 그것들이 하나의 단일한 장에 포함된다는 것을 발견할 수도 있고 때로는 그렇지 않을 수도 있다. 물질적인 물체에 관해서 보자면, 로크는 4장에서 충전성(solidity)에 관해 말한다. 그는 8장에서 물체의 제1성질과 제2성질을 구별하고, 13장부터 17장까지 수, 무한, 공간과 시간 같은 물질적 물체와 밀접하게 연관되는 개념들을 다룬다. 자발적 행동, 자유의지와 결정론에 관한 쟁점들은 '힘'이라는 제목이 붙은 21장에서 다룬다. 27장은 동일성과 인격 동일성에 관한 쟁점들을 다룬다.

경험주의와 관념

관념의 기원으로서 감각과 반성
로크는 모든 사람은 자신이 생각하고 있다는 것, 그리고 생각하고 있는 동안 생각함의 대상이 관념이라고 의식한다. "따라서 사람들이 마음속에 **하양**, **딱딱함**, **달콤함**, **생각함**, **운동**, **인간**, **코끼리**, **군대**, **술 취함** 등의 낱말로 표현되는 것과 같은 여러 **관념**을 갖고 있다는 것은 의심할

여지가 없다"(2. 1. 1. 4-6.: 104)라고 주장하면서 2권의 1장을 시작한
다. 만약 그렇다면 사람은 어떻게 이런 관념을 갖게 되느냐는 질문에
대해, 로크는 "내가 알고 있는 기존의 학설에 따르면 사람들은 본유 **관
념들**, 즉 그들이 바로 맨 처음 존재하게 될 때 그들의 마음에 새겨진 본
래적인 글자들을 갖고 있다"(2. 1. 1. 7-9.: 104)라고 썼다. 로크는 『인
간지성론』 1권에서 그가 지성은 자신이 가진 모든 관념을 어디에서 얻
을 수 있는지 설명했을 때, 자신이 이 학설을 거부한 것이 더 쉽게 받아
들여질 것이라고 쓴다. 그는 이것을 모든 사람의 관찰과 경험에 근거를
두고자 한다.

그는 마음이 "어떤 글자도 적혀 있지 않고 어떤 **관념**도 없는 백지"라
고 가정하면서 시작한다. "그럼 어떻게 해서 이 백지에 어떤 글자나 관
념이 있게 되는가? 마음은 분망하고 한계를 모르는 사람의 상상력이
끝없이 다양하게 그려놓은 저렇게 많은 양의 관념을 어디에서 얻는가?
마음은 어디에서 이성과 지식의 모든 재료를 얻는가?"(2. 1. 2. 17-19.:
104) 그의 답변은 이 모든 재료가 경험에서 온다는 것이다. 그럼 경험
이란 무엇인가? 경험은 우리가 감각기관에서 얻는 외부 대상에 대한
관념 또는 우리 마음의 내적 작용에 관한 관념에 있다는 것이 로크의
대답이다. "외부 대상과 마음의 내적 작용은 지식의 원천이며, 우리가
갖고 있거나 자연스럽게 가질 수 있는 모든 **관념**은 이 원천에서 발생한
다."(2. 1. 2. 25-6.: 104) 로크는 이 중 첫 번째 것을 '감각'이라고 부르
고, 두 번째 것을 '반성'(reflection)이라고 부른다. 이 두 가지가 모든
관념의 원천이라고 가정한다면, 우리에게는 본유 관념의 가설이 필요
하지 않을 것이다.

이 두 가지 경험의 범주 모두에 문제가 있다. 감각은 여러 가지 이유
로 문제가 있다. 그중 하나는, 로크가 주장하는 종류의 지각 이론에 관

한 쟁점들과 함께, 우리가 외부세계에 관해 알 수 있는 것에 대한 회의적인 도전과 관련이 있다. 이러한 쟁점들은 전체로서『인간지성론』을 해석하는 데 핵심적인 것으로 나타나기 때문에 로크가 어떻게 감각에 대한 설명을 시작하는지 주목할 필요가 있다(2. 1. 3. 1-8.: 105 참조). 로크는 (설령 단지 간접적이라 할지라도) 우리가 감지할 수 있는 대상들이 우리 외부에 있고, 감각의 과정이 있으며, 이 과정은 노랑, 열 등과 같은 성질들에 관한 지각을 마음속에 산출하는 것으로 끝난다고 가정한다. 이것은 모두 꽤 명백해 보일지도 모른다. 그러나 이것은 우리가 르네상스 회의주의가 제기한 지식에 대한 강력한 도전에 익숙하지 않은 경우에만 참이다. 프랑스 르네상스 회의주의자 가운데 가장 위대한 몽테뉴(Michel de Montaigne)는『레이몽 스봉의 변호』(*An Apology for Raimond Sebond*)에서 지각은 우리에게 주관적 견해만 제시할 뿐 지식은 못 준다고 주장한다. 회의적 도전에 대한 대응은 여러 나라에서 서로 다른 시기에 각기 다른 방식으로 이루어졌다.『성찰』(*Meditations on First Philosophy*)에서 데카르트가 지식의 신뢰할 수 있는 근원으로서 감각기관을 제쳐놓고 시작하고, 우리 안에 관념을 일으키는 대상들이 우리 외부에 있음을 우리는 알고 있다는 주장을 특별히 거부한다는 것을 간략하게 적어둘 필요가 있다. 나중에 데카르트는 그러한 대상이 있다는 증명을 제시하지만, 로크보다 훨씬 더 심각하게 감각기관에 대한 회의주의를 받아들인다.

　로크는 계속해서 반성의 본성을 다룬다(2. 1. 4. 11-24.: 105). 그가 이 과정을 '반성'이라고 부르는 이유는, 우리가 지각하거나 의심할 때 우리가 그러한 활동에 관여하고 있음을 의식하기 때문이다. 우리가 x를 하고 있다는 우리의 인식은, 말하자면, x를 반성하는 것이다. 그는 2판에 추가된 동일성과 인격 동일성에 관한 장에서 이 점에 관해 아주 명백하다. 인격을 정의할 때 그는 인격은 "생각함과 분리될 수 없고, 어떤 사람이 자신이 지각한다는 것을 지각하지 않은 채로 지각하는 일은 불가능하기에, 내게는 생각에 본질적인 것처럼 보이기 때문에"(2. 27. 9. 13-16.: 335) 의식에 의해 각기 다른 시간과 장소에서 자기 자신을 자기 자신이라고 안다고 말한다. 그렇다면, 로크의 견해는 어떤 사고 작용이든지 간에 그것은 의식적 인식의 반성적인 작용을 수반한다는 것이다. 이것은 내적 감각기관의 작용에 해당한다. 따라서 반성은 마음이 자신의 작용에 관한 관념을 갖게 되는 방식이다. 반성에 관한 이 같은 설명은 대단히 명백해 보일지도 모른다. 그러나 이 설명을 둘러싼 많은 쟁점은 이 설명이 그렇게 명백하지 않음을 시사한다. 예를 들어, 우리가 자신의 마음 작용을 볼 수 있게 해주는 내적 기관은 정확히 무엇인가? 그것은 얼마나 정밀한가?

6절에서 로크는 세상에 태어난 아이가 "그의 미래 지식의 재료가 될" 많은 관념을 갖고 있다고 생각할 이유가 없다고 썼다. 여기서 아마도 우리는 명료하고 역사적인 방법이 작동하고 있음을 볼 것이다. 그는 우리가 처음 세상에 왔을 때 관념과 관련하여 우리가 어떤 상태인지 고찰하기를 원한다. 로크는 우리가 주변에 있는 사물들로부터 빠르게 영향을 받는다고 주장한다. 색깔과 맛은 "기억이 시간과 순서상으로 보존하기 이전에" 우리에게 쇄도하지만, "어떤 흔치 않은 성질들은 종종 아주 뒤늦게 마음속에 들어와서 그 성질들을 처음 알게 된 때를 회상해낼 수 없는 사람은 거의 없다."(2. 1. 6. 26-29.: 106) 파인애플의 맛은 우리가 아주 늦게 경험해서 최초의 만남을 기억할 수 있는 흔치 않은 맛 중 하나다.

로크는 감각과 반성의 유사점과 차이점에 주목한다. 그는 우리에게 감각이 풍경과 시계 부분에 관한 뚜렷하고 구별되는 관념을 얻기 위해 주목할 필요가 있는 것과 꼭 마찬가지로, 반성은 마음의 작용에 관한 뚜렷하고 구별되는 관념을 얻기 위해 그러한 작용에 주목할 필요가 있다고 말한다(2. 1. 7. 8-22.: 107). 아이들은 외부세계에 끌리는 경향이 있으며 "변화하는 대상의 다양성에 쉽게 기뻐한다."(2. 1. 8. 33-1.: 107-8) 따라서 우리는 "외부 감각에 쉼 없이 주의하면서 성장하여 성숙한 나이에 이르기까지는 자신의 내면에서 일어나는 것에 대해서 아무런 반성도 좀처럼 행하지 않게 된다. 어떤 사람들은 평생 그런 반성을 거의 행하지 않는다."(2. 1. 8. 4-7.: 108)

1장 9-20절에서 로크는 영혼은 항상 생각하고, 영혼은 본질적으로 생각하는 사물이라는 데카르트주의자의 가설을 공격하기 위해 관념의 기원을 설명하는 작업에서 벗어난다. 여기서 우리는 영혼에 관한 데카르트의 설명과 로크가 1권에서 비판한 본유 원리와 관념 가설이 연관됨을 본다(2. 1. 9. 8-16.: 108 참조).

이 구절은 로크가 '제2성찰'에서 자신의 본질은 생각하는 사물이라는 데카르트의 주장이 본유 관념에 의탁하는 것이라고 본다는 것을 강하게 시사한다. 그 이유는 만약 그의 본질이 생각함이라면, 그는 자아가 창조되자마자 생각해야 하고, 그의 생각의 대상은 관념이 틀림없으며, 이 모든 것이 태어나기 전에 일어나야 하므로, 본유 관념에 의탁함을 수반하기 때문이다. 이 절들에서 데카르트주의의 **생각하는 사물**에 대한 로크의 공격은 2권 27장에서 인격 동일성에 관한 그의 가장 흥미로운 작업의 많은 부분을 예시한다.

로크는 영혼이 항상 생각하고 있다는 주장을 논한다. 그는 경험이 쟁점의 심판관이 되어야 하며, 심판관이 결정해야 하는 것은 사실의 문제라고 주장한다. 그의 주장에서 우리는 애서턴이 『인간지성론』 1권에서 발견한 생각함과 의식의 강한 연관성을 다시 한번 발견한다. 로크는

"내가 말하는 것은 깨어 있건 잠자고 있건 간에 늘 우리는 우리가 생각하고 있다는 것을 느끼지 않으면서 생각할 수 없다는 것이다. 우리가 느낀다는 것은 우리의 생각에만 필연적이며, 또 현재도 그러하고 우리가 생각을 의식하지 않은 채 생각할 수 있게 되기 전까지는 변함없이 그럴 것이다."(2. 1. 10. 26-30.: 109) 로크는 운동이 물체의 작용인 것처럼 생각함은 마음의 작용이며, 물체가 항상 움직일 필요는 없는 것처럼 영혼도 항상 생각할 필요는 없다고 주장한다. 잠자는 동안 우리가 꿈을 꾸고 있지 않을 때, 우리는 아마도 생각을 하지 않을 것이다.

20-22절에서 로크는 반성 관념의 발달을 통해 아이가 모태로부터 관념을 획득하는 과정을 추적하는 것으로 돌아간다. 23-24절은 감각과 반성에 관한 장의 결론을 요약한 것이다. 25절은 감각 관념을 받아들일 때 마음이 수동적이라는 의견을 말한다. "이 **단순 관념들**[감각과 반성의]이 마음에 제공되었을 때, **지성**은 그것들을 갖는 것을 거부할 수도 없으며, 마음에 새겨졌을 때 변경할 수도 없고, 그것들을 지워 새것으로 만들어낼 수도 없다. 이는 거울이 앞에 놓인 대상이 거울에 산출하는 심상(image)이나 **관념**을 거부하거나 변경하거나 제거할 수 없는 것과 마찬가지다."(2. 1. 25. 24-29.: 118) 단순 관념을 받아들일 때 마음의 이러한 수동성은 4권에서 지식의 실재성에 관한 이후의 주장에서 중요한 역할을 끝낸다.

질문

1. 로크가 주장하는 대로 마음은 정말 수동적인가?
2. 만약 그렇지 않다면, 이것은 로크 철학의 중대한 결함인가?
3. 로크가 우리 마음속의 관념을 거울 속의 심상에 비유한 것은 단순 관념이 모두 심상이라는 것을 암시하는가?

관념의 종류

2권 2장에서 우리는 단순 관념에 관한 설명을 본다. 3장에서 로크는 하나의 감각기관에서 유래한 관념에 대해 말한다. 4장은 특히 중요한 관념, 즉 '충전성'에 관한 것이다. 5장은 여러 감각기관에서 유래한 예를 제시한다. 6장은 반성의 단순 관념을 다루는 반면에, 7장에서는 감각과 반성 둘 다에서 유래한 단순 관념에 관해 설명한다. 8장은 제1성질과 제2성질의 관념을 구별한다. 9-11장은 감각과 반성을 통해 얻는 관념을 다룰 때 마음이 사용하는 능력을 다룬다. 이러한 능력은 지각, 보유, 식별을 포함한다. 12장에서 로크는 복합 관념을 화제로 채택한 다음 세 종류의 복합 관념인 양태, 실체, 관계를 고찰한다. 요컨대 2-12장에서 로크는 관념의 종류와 그것들을 다루는 지성 능력에 관해 말한다. 따라서 우리는 몇 가지로 구별해서 다루고자 한다. 단순 관념과 복합 관념, 하나의 감각기관에서 오는 관념과 여러 감각기관에서 오는 관념, 감각이나 반성 또는 둘 다로부터 오는 관념의 구별이 그것이다.

로크는 단순 관념과 복합 관념의 구별로 시작한다. 그는 이러한 구별이 우리 지식의 본성, 방식, 범위를 이해하는 데 중요하다고 말한다. 그렇다면 단순 관념이란 무엇인가(2. 2. 1. 5-13.: 119 참조)? 관념들은 서로 구별되는 한 단순하다. 그래서 한 손으로 부드러움과 따뜻함을 느끼지만, 이 성질들은 대상 안에서 연관되어 있고, 마음은 그것들을 구별하므로 그것들은 구별되는 단순 관념들이다(2. 2. 1. 13-20.: 119). 따라서 감각의 단순 관념이든 반성의 단순 관념이든 간에 단순 관념은, 마음에 의해서 다른 균일한 현상들로부터 구별될 수 있지만 서로 다른 관념들로 나누어질 수 없는, 하나의 균일한 현상에 관한 것이어야 한다.

그렇다면 복합 관념은 무엇인가? 마음은 단순 관념들을 반복, 비교,

결합함으로써 복합 관념을 만들어낸다. 그러므로 마음은 단순 관념의 획득에 관해서는 수동적이지만, 복합 관념을 형성할 때는 능동적이다. 단순 관념은 지식의 기초적 요소다. 둘의 관계를 설명할 때, 로크는 물질 세계에서 우리 상황과 우리의 정신 세계 간의 유비를 끌어낸다(2. 2. 2. 3-13.: 120 참조). 이 유비는 로크가 원자적 관념 이론을 가지고 있다는 것을 보여준다. 단순 관념은 원자이고, 복합 관념은 분자다. 유비를 어디까지 적용할 수 있으며 그 유비는 어디에서 멈출 것인가를 묻는 것은 합당한 물음이다.

단일한 감각기관에서 유래한 관념과 하나 이상의 감각기관에서 유래한 관념의 구별은 아리스토텔레스까지 거슬러 올라간다. 로크의 설명에 따르면 빛과 색깔은 시각에서, 소음·소리·음색은 귀에서, 맛과 냄새는 코와 혀에서 온다(마지막 것은 맛이 냄새에 크게 의존한다고 판명되기 때문에 다소 의문스럽다). 로크는 만약 "관념들을 외부에서 마음의 접견실(내가 그렇게 부르듯이)인 뇌 안에 있는 청중에게 전달해 주는 도관들"인 특정한 감각기관이나 신경들이 "잘못되어 그 역할을 제대로 수행할 수 없게 된다면 관념들이 스스로 들어올 수 있는 뒷문은 전혀 없다. 이것들이 마음의 조망 범위 안에 들어와서 지성에 의해 지각될 수 있는 다른 방도는 없다"(2. 3. 1. 22-27.: 121)라는 의견을 말한다. 이것은 로크의 관점에서 설령 마음이 뇌와 분리되어 있더라도 감각기관은 지성에 결정적이라는 것을 우리에게 말해준다.

로크가 이어서 제시하는 의견은 아마도 이 장에서 가장 중요할 것이다. 그는 촉각에서 오는 가장 무시할 수 없는 상당수의 관념은 뜨거움과 차가움, 충전성이라고 말한다. 여기서 중요한 것은 그것이 하나의 감각기관에서 유래하는 관념과 하나 이상의 감각기관에서 유래하는 관념의 구별은 로크가 8장에서 하려고 하는 제1성질과 제2성질의 구별과 동등하지 않다고 우리에게 말해준다는 것이다. 뜨거움과 차가움은 제2 성질이지만, 충전성은 가장 중요한 제1성질이다. 5장에서 로크는 하나 이상의 감각기관에서 유래하는 성질들을 열거한다. 물체의 연장, 모양, 운동과 정지, 이것들은 모두 제1성질이다. 따라서 두 가지 구별은 거의 일치하지만 완전히 일치하지는 않는다.

6장과 7장은 반성의 단순 관념과, 감각과 반성 둘 다에서 유래하는 단순 관념을 다룬다. 로크는 우리에게 지각 또는 생각, 의욕 또는 의지 는 마음의 두 가지 주된 행위이며, 이것들은 반성의 단순 관념이라고 말한다. 기억, 식별, 추론, 판단, 지식, 신앙은 이러한 단순 관념의 양 태다.

질문

4. 무엇이 '생각'과 '지각'을 동등한 용어로 만드는가?
5. 지각과 의욕 같은 넓은 범주가 왜 단순 관념으로 간주되는가?

감각과 반성 둘 다에서 유래하는 단순 관념에 대해, 로크는 쾌락과 고 통으로 시작하면서 "**즐거움**이나 **불편함**, 이 둘은 감각과 반성 둘 다에 속하는 거의 모든 우리의 관념과 결합된다"(2. 7. 2. 19–20.: 128)라고 말한다. 로크에게 쾌락과 고통은 행위의 일차적 동기다. 정서가 여기서 관념이라고 불리며 인지적 내용을 가진 관념과 연관된다는 것은 인상 적이다. 우리는 자유의지와 결정론에 관한 쟁점을 다룰 때 이 절로 돌 아올 것이다. 감각과 반성 둘 다로부터 오는 다른 관념들은 힘, 존재 그 리고 단일성이다.

단순 관념을 획득하고 보유하며 복합 관념을 형성하는 능력

마음은 감각과 반성의 형태로 단순 관념을 받아들인다. 마음은 단순 관념을 보유하고, 축적된 단순 관념들로부터 복합 관념을 형성하는 데 그 능력을 사용한다. 이 능력들은 무엇인가? 로크는 우리에게 지각과 의욕은 마음의 두 가지 행위라고 말한다. 지성은 생각하는 마음의 힘이나 능력인 반면, 의욕의 힘이나 능력은 의지라고 부른다. 회상, 추론, 판단, 지식과 신앙은 이러한 능력들의 양태에 속한다. 로크는 이러한 반성의 관념을 9-11장에서 다룬다. 흥미로운 점은 로크가 이러한 능력들이 식물과 동물, 그리고 다른 동물과 인간을 구별하는 토대가 된다고 생각하는 것이다.

지각에 관한 장에서 로크는 지각이 식물과 동물을 구별한다고 썼다. 그는 식물의 모양과 움직임의 활발한 변화를 '단순한 메커니즘'(2. 9. 11. 31-34.: 147)이라고 말한다. 이것은 동물과 인간의 지각은 둘 다 완전히 기계적인 용어로 설명될 수 없다는 것을 시사한다. 2권 27장에서 로크가 동물과 심지어 살아 있는 인간의 몸도 기계와 매우 흡사하다고 시사하고 있기 때문에 이 언급은 당혹스럽다.

이 장에서 로크는 감각의 주목과 판단에 대해 몇 가지 흥미로운 점을 제시한다. 그는 만약 우리가 어떤 것에 주목하고 있다면, 우리가 알아차리지 못하는 소리 같은 감각이 종종 있다고 말한다. 그는 이것으로부터 우리에게 "감각기관이나 지각"이 있을 때는 "언제나 지성 안에 어떤 관념이 실제로 산출되어 현전해 있다"(2. 9. 4. 15-16.: 144)라고 결론 내린다. 이것은 로크가 우리가 무의식적이라고 부르는 현상을 충분히 알고 있다는 것을 시사한다. 그는 의식적인 현상에 단순히 초점을 맞추고 있다.

아일랜드 정치가이자 과학자인 몰리누(William Molyneux, 1656-

1698)는 1688년 6월 로크에게 편지를 보냈다. 그 편지에서 그는 시각 장애인으로 태어나 육면체와 구체를 만져서 구별하는 법을 배운 사람이 볼 수 있게 되었을 때 단순히 시각으로 그것들을 구별할 수 있는지에 대한 문제를 제기했다. 로크는 우리의 지각이 놀라운 방식으로 우리 판단의 영향을 받으며, 이러한 판단은 경험에서 비롯된다는 의견을 말하기 위해 지각에 관한 장에서 몰리누 문제를 도입한다. 몰리누 문제의 경우 판단은 시각과 촉각 같은 서로 다른 감각기관들이 형태에 관해서 우리에게 말해주는 것과 관련이 있다. 몰리누와 로크 둘 다 육면체와 구체의 형태 차이처럼 촉각을 통해 배우는 것은 시각을 통해 배우는 것과 경험에 의해서 서로 관련될 수 있을 뿐이라고 믿는다. 그러한 판단은 경험에 의해서 변경될 수 있다는 생각은 "마음은 다른 감각기관에 의존하지 않고도 오직 이성(또는 가정된 **공통감각**)에 의해서 대상의 올바른 지각을 산출하리라는 전통적인 학설"(아슬레프: 266)과 충돌한다. 몰리누 문제는 광학, 기하학, 지각 이론 그리고 눈의 생리학에서조차 논쟁을 불러일으켜 잉글랜드와 대륙 양쪽에서 엄청나게 주목을 끌었다.

  지각에 대한 로크의 설명에서 현저하게 생략된 것은 서로 다른 지각 이론들에 관한 논의다. 몰리누 문제에 대한 로크의 해결책은 스콜라 철학의 지각 이론에 관한 암묵적인 비판일 수도 있지만, 이것이 경쟁 가설들에 관한 일련의 논의로 여겨지기는 어렵다. 예를 들어, 로크는 여기서 소박한 지각 이론들과 대비하여 표상적 지각 이론에 관해서는 전혀 언급하지 않는다(이 이론들 사이의 차이점에 대한 설명은 '유사성과 표상적 지각 이론'에 관한 절을 참조할 것). 아마도 이것은 놀라운 일은 아닐 것이다. 모든 반성 관념과 마찬가지로, 그는 지각을 주의 깊은 관찰에 의해 그 본성을 파악할 수 있는 어떤 것으로 다룬다. 그러나 만약 지각의 본성에 관한 경쟁 이론들이 있다면, 이것은 내성만으로는 지각의 본성을 결정할 수 없으리라는 것을 당연히 시사한다.

질문

6. 지각에 대한 로크의 설명은 무엇인가?

7. 지각에서 주목은 어떤 역할을 하는가?

8. 몰리누 문제는 무엇이며, 이에 대한 로크의 해결책은 무엇인가?

보유는 관조와 기억을 모두 포괄하는 개념이다. 로크는 보유는 "마음이 감각이나 반성으로부터 받아들인 단순 관념들을 유지하는 능력"(2. 10. 1. 20-22.: 149)이라고 말한다. 관조는 받아들여진 관념을 현재 알아차리는 것이다. 기억은 각인되었다가 의식에서 사라진 관념을 다시 되살리는 힘이다(2. 10. 2. 3-11.: 150 참조).

로크가 기억을 관념을 되살리는 힘으로 설명하는 것은 아주 적절하다. 그러나 그가 지각되지 않는 관념은 아무것도 아니라고 한 말을 인정한다면, 그가 이 특별한 힘의 근거를 설명하는 것은 어려워 보인다. 어떻게 우리가 아무것도 아닌 어떤 것을 찾아내겠는가? 로크가 기억에 수반되는 추가적인 지각을 기술하는 데 사용하는 언어 또한 아주 중요하다. 로크는 마음은 우리 기억의 내용 외에도 "마음이 전에 그 기억을 가졌다"는 추가적인 지각을 가진다고 말한다. 이것은 18세기에 로크의 사상이 불러일으켰던 기억과 인격 동일성에 관한 논쟁에서 중요해진다. 2권 27장에서 볼 수 있듯이, 기억은 인격 동일성에 대한 로크의 설명에 결정적으로 중요하다.

로크는 관념이 주목과 반복에 의해 기억 속에 고정되며, 우리에게 가장 큰 인상을 주는 것은 쾌락과 고통과 연합된 것이라고 말한다. 그는 어떤 기억은 약하고 어떤 기억은 강하다고 썼다. 나아가 우리 관념은 끊임없이 쇠퇴해서 "감각기관의 반복적인 사용이나 맨 처음 그 관념을 일으켰던 대상과 같은 종류의 대상에 대한 반성"(2. 10. 5. 28-29.: 151)에 의해 새로워질 필요가 있는 것처럼 보인다.

질문
9. 관조와 기억의 차이는 무엇인가?
10. 인격적 기억에 관한 로크의 설명은 무엇인가?

식별은 관념을 분별하고 구별하는 능력이다. 식별하지 못하는 것은 혼동하는 것이다. 차이가 아주 미미한 경우에도 관념들을 식별할 수 있음은 "어떤 사람한테서 다른 사람보다 우월한 것으로 관찰될 수 있는 판단의 정확성과 이성의 뚜렷함"(2. 11. 2. 18-20.: 156)에 의해 성립한다. 관념은 적절하게 구별될 때 뚜렷하고 명확하다.

　"범위, 정도, 시간, 장소 또는 그 밖의 조건에 관해서" 관념을 비교하는 것은 관계의 모든 관념을 산출한다. 로크는 동물이 어느 정도 이 비교 능력을 갖고 있는지 판단하기는 어렵지만, 이 능력은 인간과 동물을 구별하는 특성 중 하나라고 생각한다. "짐승들은 대상들 자체에 부가된 어떤 감지할 수 있는 상황을 넘어서서 **관념들을 비교**하지는 않는다. 사람들한테서 관찰될 수 있는 또 다른 비교 능력으로서 일반 **관념**에 속하고 추상적인 논증에만 유용한 능력은 아마도 짐승들은 갖고 있지 않을 것이라고 우리는 추정할 수 있다."(2. 11. 5. 35-4.: 157-8)

　관념 합성은 마음이 단순 관념을 모아 복합 관념을 형성하는 것을 말한다. 확장이란 1피트를 5280번 곱해서 1마일 개념을 얻거나, 또는 전체 수열을 얻기 위해 단위를 반복하여 더하는 것처럼 또 다른 관념들을 얻기 위해 하나의 단일한 관념을 되풀이하는 것을 의미한다. 다시 말하지만, 로크는 이것이 동물들이 하는 활동이라고 생각하지 않는다. "짐 승들도 몇몇 단순 **관념**들의 조합을 받아들이고 한데 모아서 보유하기 는 할 것이다. 그리하여 아마도 주인의 모습과 냄새, 목소리는 개가 주 인에 대한 복합 **관념**을 구성하거나, 더 정확히 말하자면 개가 주인을 알아보는 많은 구별되는 징표를 이룰 것이다. 그러나 나는 짐승들이 스 스로 이 관념들을 합성하여 **복합 관념을 만든다고 생각하지는 않는 다.**"(2. 11. 7. 16–20. : 158)

만약 관념을 합성하는 것이 다른 동물과 인간 사이의 더 뚜렷한 경계 를 나타낸다면, 비교, 추상, 그리고 언어의 사용은 가장 뚜렷한 구별을 만들어낸다. 로크는 추상과 언어의 사용을 연관시킨다. 아이들은 기호 사용법을 익힌다. 그리고 "아이들은 분절음을 내는 데 발음 기관을 사 용하는 기술을 획득하면 **말을 사용**하여 자신의 **관념**을 남에게 의미표 시하기 시작한다."(2. 11. 8. 1–3. : 159) 다음 절에서 로크는 추상 과정 을 묘사한다(2. 11. 9. 7–18. : 159 참조).

로크는 다른 동물은 언어를 사용하지 않고 일반 관념을 형성하지 못 하는 것이 명백하다고 생각한다. 그래서 동물이 어느 정도까지 관념을 비교하고 합성하는 반면, 추상은 전혀 할 수 없다고 생각한다. 따라서 인간과 동물 사이의 뚜렷한 차이점은 인간은 언어를 사용할 뿐만 아니 라 일반 관념을 가지고 있는 반면, 동물은 그렇지 않다는 것이다. 동물 과 인간을 가장 뚜렷하게 구별하는 것은 일반 관념의 결여라는 점이 흥미롭다. 로크는 계속해서 추상의 예를 드는데 그것은 하양(white- ness)이다. 이처럼 우리는 추상된 단순 관념들이 보편자가 되는 것을 발견한다. 그러나 성질보다는 개별 사물에서 추상할 때, 우리는 분류 체계의 유와 종을 얻는다. 이 마지막 강조점은 『인간지성론』 3권의 중 심이 된다.

질문

11. 로크는 인간과 동물을 구별하기 위해 인간의 힘과 능력을 사용한다. 그는 바르게 구별하고 있는가?

12. 로크가 개는 복합 관념을 획득하지만 그것을 형성하지는 못한다고 말할 때, 이것은 우리가 단순 관념을 획득할 때 수동적이고 복합 관념을 형성할 때 능동적이라는 공식적 학설이 참이 아닐 수도 있음을 시사하지 않는가?

물질적 물체

기계론적 철학, 입자와 원자

『인간지성론』 2권의 주제 중 하나는 물질적 대상에 대한 우리 관념의 기원이다. 로크는 물체의 본성에 대한 원자론적 가설을 지지할 뿐만 아니라 물질적 대상에 관한 우리 지식에 대해서 경험주의적 설명을 제시하고 있다.

별과 행성으로부터 떡갈나무, 수선화, 호랑이와 말, 인간의 몸, 철, 금 등 외부세계의 물체에 대한 지식이 인간의 자기 인식과 인류 번영에 매우 중요하다는 것은 명백하다. 공간과 시간의 관념은 물체에 대한 우리의 관념과 관련이 있다. 로크는 물체가 무엇이며, 우리가 물질적 물체에 대해 가질 수 있는 지식이 어떤 종류의 것인지 둘 다에 관심을 가졌다. 그가 이러한 주제에 많은 지면을 할애하고 있는 것이 놀라운 일처럼 보일지 모르지만, 17세기에 물질적 물체의 본성은 격렬한 논쟁거리였다.

물체에 대한 로크의 설명은 아리스토텔레스주의자와 데카르트주의자의 설명과 대조된다. 그는 입자론자, 좀 더 정확히 말하자면 원자론자다. 어떤 형태의 입자론이든 그것은 기계론적 철학자들의 특징이었다. 일반적으로 이 철학자들은 자신들이 운동 중인 물질, 한 물체가 다른 물체에 미치는 영향에 의해 물질 세계의 대부분을 설명할 수 있다고 믿었다. 그들은 원격인과 작용을 믿지 않았다. 그들은 물질을 수동적인 것으로 여겼고, 물질에 능동적인 힘이 있다는 것을 부정했다. 잉글랜드에서 왕립학회를 설립했던 과학 단체의 리더였으며 형이상학적 정신의 소유자였던 화학자 보일은 원자론과 데카르트주의의 물질을 둘 다 입자론의 유형으로 분류했다. 그는 둘의 차이점을 과소평가했다. 원자론자와 데카르트주의자들은 둘 다 감지할 수 없는 입자들이 대규모 크기의 물체를 구성한다고 믿었다. 그러나 원자론자들은 입자는 더 이상 나눌 수 없다고 주장했지만, 데카르트주의자들은 물질은 무한히 나눌 수 있다고 주장했다. 주목할 점은 로크가 데카르트와 데카르트주의자들을 다룰 때 보일을 따르지 않았다는 것이다. 그는 물체와 정신에 대한 데카르트적 설명의 중요한 국면을 반박하기 위해 고심한다.

'충만'은 꽉 찼다는 뜻이다. 충만 이론은 우주가 물질로 가득 차 있으며, 따라서 우주 안에는 공허하거나 빈 공간이 없다고 주장한다. 아리스토텔레스는 데카르트처럼 충만 이론가였다. 데카르트는 밀도가 각기 다른 세 종류의 물질이 있다고 믿었다. 각각의 물질은 무한히 나눌 수 있는 입자들로 이루어져 있고, 서로 다른 종류의 입자들은 서로 관통할 수 있었다. 만약 우주가 물질로 가득 차 있다면, 빈 공간이 전혀 없을 것이므로 아무것도 움직일 수 없는 것처럼 보일지도 모른다. 그러나 이 문제는 해결될 수 있었다. 데카르트는 소용돌이 운동 이론을 제시했다. 입자들은 원형을 이루어 함께 움직인다.

가상디는 에피쿠로스주의의 원자론을 부활시켰고, 고대에 그 이론이 가졌던 반유신론적 특성을 제거함으로써 기독교 지식인들을 안심시켰다. 예를 들어, 세계는 영원하고 창조되지 않았다고 하는 대신에, 가상디는 세계를 유한하게 했고, 신에게 세계를 창조하고 원자를 움직이게 하는 역할을 부여했다. 신이 원자를 움직이게 했기 때문에, 세계의 기원을 설명하는 데 에피쿠로스주의의 방향 전환은 필요하지 않았다.

질문

13. 우주의 충만 이론과 원자론은 어떻게 다른가?

충전성과 초어법(transdiction)

충전성 관념에 대해 로크는 "모든 **관념** 중에서 물체와 가장 밀접하게 연관되어 있으며, 물체에 본질적인 것처럼 보인다"(2. 4. 1. 29-30.: 123)라고 언급했다. 이것은 충전성이 물체의 제1성질 가운데 가장 중요한 것임을 분명히 한다. 물체의 본질에 대한 데카르트주의의 설명은 그것이 유연하고, 움직일 수 있고, 연장성을 갖는다는 것이다. 따라서 로크가 물질적 물체의 본질에 대한 데카르트주의의 설명을 단호히 거부했다는 것은 분명하다. 충전성의 반대는 빈 공간이다. 이 개념은 17세기에 큰 논란이 되었다. 원자론자들은 충전적인 원자가 빈 공간에서 움직인다고 믿었다. 다른 사람들은 "자연은 진공 상태를 혐오하기" 때문에 빈 공간이라는 바로 그 개념이 모순이라고 주장했다. 17세기에 빈 공간에 대한 오래된 논쟁은 그 당시에 발명된 진공 또는 공기 펌프를 이용한 실험을 중심으로 벌어졌다. 이 펌프는 유리 용기에서 공기를 모두 빼낸다. 안에는 뭐가 남는가? 보일과 홉스는 이 문제에 관해 논쟁을 벌였다.

　로크가 2권 4장에서 시도하는 것은 충전성에 대한 경험적 설명이다. 충전성은 불가투입성과 관련이 있다. "우리는 충전성 **관념**을 촉각에서 받아들인다. 이 관념은 한 물체가 다른 한 물체가 차지하고 있는 장소로 들어가려고 할 때, 후자의 물체가 그 장소를 떠나기까지 후자의 물체 안에서 발견되는 저항에서 발생한다."(2. 4. 1. 27-1.: 122-3) 그런 다음 로크는 충전성 관념을 입체형이라는 수학적 관념, 공간 관념, 딱딱함 관념과 각각 구별한다. 순수한 공간 관념은 저항이나 움직임과 양립할 수 없다. 딱딱함은 "감각 가능한 부피의 덩어리를 형성하는 물질 부분들의 견고한 응집에서 성립하므로, 그 물체 전체는 쉽사리 모양을 바꾸지 않는다."(2. 4. 4. 3-5.: 125) 로크는 계속해서 물이 다이아몬드나 철석만큼 충전성을 가지고 있다고 주장한다.

그러고 나서 로크는 충전성 관념 때문에 우리는 물체의 연장과 공간의 연장을 구별할 수 있다고 말한다(2. 4. 5. 9-13.: 126 참조). 로크는 진공의 문제점을 증명하지 않은 채 참이라고 가정하지 않는 사고 실험을 통해 순수 공간 관념에 다다를 수 있다고 주장한다. 그는 순수 공간과 충전성 관념이 뚜렷하고 구별되는 관념들이라고 주장한다. 2권 4장 1절(19-26.: 123)에서 로크가 충전성이 물체에 본질적이라고 주장하는 것에 주목하라.

로크가 우리의 모든 관념의 원천으로 경험을 강조하는 것과 원자론 사상 사이에는 상당한 긴장이 있다. 원자는 눈에 보이지 않는다. 그렇다면 우리는 원자론과 경험을 어떻게 연관시킬 수 있는가? 위에서 방금 인용한 구절에서 우리는 대규모 크기의 대상 관찰로부터 관찰되지 않는 지극히 작은 크기의 대상을 추론한다. 만델바움(Maurice Mandelbaum)은 그의 책 『철학, 과학 그리고 감각적 지각』(Philosophy, Science and Sense Perception)에서 이것을 초어법적 추론이라고 불렀다. 만델바움은 자신이 윌리엄스(Donald C. Williams)로부터 그 용어를 가져왔다고 말한다. 윌리엄스는 헴펠(Carl Hempel)이 우리가 미래 사건을 예측하거나 과거 사건을 설명하기(즉 귀납추리) 위해서 자료를 사용할 수 있는 조건에 관해 말하는 것을 들었다. 윌리엄스는 경험에 의해 제공된 자료를 가지고 다른 어떤 것을 하고 싶어 했다. 만델바움은 계속해서 "하지만 윌리엄스 교수는 경험의 범위 **안**에서 앞뒤로 움직일 수 있을 뿐만 아니라 가능한 경험의 경계를 넘어선 것에 관해 의미 있고 참된 말을 할 수 있는 방식으로 자료를 사용하기를 원했다. 그는 이것을 **초어법**이라고 불렀다"(만델바움: 61)라고 썼다. 만델바움은 보일과 뉴턴의 원자론과 마찬가지로 로크의 원자론도 그를 이와 같은 종류의 초어법적 추론에 연루시킨다고 주장한다. 제1성질들을 원자에 귀속시키는 것은 정확히 이런 종류의 추론을 포함하는 것으로 보인다.

만약 로크 철학에서 초어법적 추론이 정당하다면, 이것은 그가 때때로 이른바 의미 경험주의자가 아니라는 것을 시사한다. 18세기의 버클리나 20세기의 에이어(A. J. Ayer)와 같은 의미 경험주의자는 용어의 의미가 경험에 의해 제한된다고 주장한다. 우리가 경험할 수 없는 것에 관한 모든 주장은 무의미하다는 것이다. 버클리는 바로 이러한 이유로 원자나 물질의 존재를 무의미하고 모순된 것으로 거부하고, 에이어는 비슷한 이유로 특정한 종교적·형이상학적 주장을 거부한다. 이와 대조해보면 로크는 우리가 경험하는 것들의 유비를 통해 (원자와 같이) 우리가 경험하지 못하는 것들에 관해서도 의미 있게 이야기할 수 있다고 주장한다. 하지만 로크의 경험주의와 그의 원자론 사이의 긴장은 우리가 실체에 대해 알 수 있는 것과 자연에 관한 연구가 과학이 될 가능성에 관한 로크의 견해를 강하게 특징 짓는다.

질문

14. 충전성과 물체의 관계에 관한 물음은 우주에 관한 원자론과 충만

이론 사이의 논쟁과 어떤 관계가 있는가?
15. 초어법적 추론이란 무엇이며, 그것은 우리가 로크의 경험주의 상표
를 분류할 때 어떻게 도움이 되는가?

제1, 제2, 제3성질

2권 8장에서는 물체의 제1성질과 제2성질의 구별을 소개한다. 4장에서
충전성에 관한 로크의 설명이 우리가 깊은 물에 도달하고 있다고 암시
했다면, 이 장은 우리를 깊은 곳에 빠뜨린다. 여기서 우리는 현상과 실
재의 관계를 다루고 있다. 구별은 물질에 내재하는 본질적 성질(제1성
질)과 지각자에 따라 상대적인 성질(제2성질)에 관한 것이다. 여기서
질문은 현상과 실재를 어떻게 구별하며, 그러면서도 어떻게 연관시키
느냐 하는 것이다. 이 물음은 『인간지성론』 해석과 로크 이전과 이후의
많은 철학에 중심적인 대단히 어려운 문제들을 불러일으키는 것으로
판명된다.

로크 철학에서 이 구별이 나타내는 실재론의 종류는 로크의 경험주
의 상표의 특징이다. 이러한 종류의 경험주의는 경험이 지식을 구성하
는 기초적 요소이지만, 우리의 지식을 경험에 완전히 국한하지는 않는
다는 것이다. 이 점에서 로크는 버클리나 흄과는 아주 다른 유형의 경
험주의자다. 제1성질과 제2성질의 경우 주목해야 할 훨씬 더 두드러진
점이 있다. 로크는 비록 과학은 경험에 뿌리를 두고 있지만, 우리의 일
상적 경험의 몇몇 특징이 잘못되었음을 지적하는 데 사용될 수 있다는
것을 증명하고 있다.

제1성질과 제2성질의 구별은 그리스 원자론자들로부터 시작하여 갈
릴레오, 데카르트, 보일로 이어지는 오랜 역사를 갖고 있다. 로크는 보
일로부터 그 구별을 넘겨받았고, 보일이 제1, 제2, 제3성질을 구별하는

데 사용한 용어를 대중화했다고 일반적으로 상정된다. 보일은 『형상과 성질의 기원』(The Origins of Forms and Qualities, 보일, 3권: 1-37)에서 물질에 관한 입자론이나 원자론 범위 안에서 그러한 구별을 한다. 로크의 구별은 두 가지 역할을 담당하도록 의도된 것이다. 제1성질은 그것이 우리 안에 발생시키는 관념과 유사한 객관적 특징이며, 실행 가능한 물리적 이론이 다른 현상을 설명하는 데에 기초로 사용될 수 있는 물리적 특징이라고 상정된다.

　여기서 우리는 눈에 띄지 않을 정도로 작은 입자의 이론이 어떻게 경험에 관한 로크의 주장과 맞닿을 수 있는지에 대한 문제를 다시 발견한다. 우리는 그 구별을 이론적인 것으로, 아니면 경험에 기초하는 것으로 이해해야 하는가? 아니면 두 개를 합칠 수 있는가? 이 중요한 구별에 대한 로크의 설명은 난해하고 불명료하다. 이 난점과 불명료함은 많은 주석, 논쟁, 그리고 서로 다른 해석을 낳았다. 버클리의 『하일라스와 필로누스가 나눈 대화 세 마당』(Three Dialogues between Hylas and Philonous) 중 첫 번째 대화(버클리, 2권: 171-207)는 거의 전적으로 그 구별을 반박하는 데 할애되었다. 버클리는 경험주의자이지만, 물질의 존재를 거부하는 관념론자이기도 하다.

　우리의 어려움은 어떤 성질을 제1성질로 보고 어떤 성질을 제2성질로 볼 것인가를 결정하는 것에서 시작된다. 로크는 2권 8장에서 제1성질의 26개 목록을 제시한다. '로크의 제1성질'에서 윌슨(Robert Wilson)은 우리가 목록을 비교할 때 "부피(또는 크기), 모양(또는 형태), 충전성, 연장, 구조와 위치, 수와 운동(또는 가동성)"이라는 여덟 가지(또는 열한 가지?) 성질로 끝낸다고 주장한다(윌슨: 216). 모든 주석자가 이 목록에 있는 모든 성질이 제1성질이라고 인정하는 것은 아니다. 예를 들어, 알렉산더(Peter Alexander)는 로크에게 제1성질은 크

기, 형태, 가동성 세 가지뿐이라고 말한다. 알렉산더에 따르면, 로크의
목록에 있는 다른 용어 중 일부, 즉 부피, 연장, 모양, 운동과 정지는 단
지 이 세 가지 성질에 속한다. 충전성, 구조, 위치, 부분들의 수와 운동
같은 다른 성질들은 전혀 제1성질이 아니다(윌슨: 201). 윌슨은 알렉
산더가 무엇보다 중요한 입자론적 해석을 토대로 로크의 목록에 있는
성질들 가운데 어느 것을 제1성질로 간주해야 할지를 결정한다고 설명
한다. "알렉산더에 따르면, 제1성질은 가장 근본적인 사물―단일 입
자―이 본래 저절로 가지고 있으며, 관찰 가능한 물체가 가진 관찰 가
능한 특성에 대해 신비롭지 않은 설명을 제공할 때 호소할 수 있는 성
질이다."(윌슨: 201) 구조, 부분들의 수와 운동과 같은 특성이 문제가
되는 것은 이러한 가정 때문이다. 17세기 원자론자들의 관점에서 보면
단일 원자는 부분이나 구조를 전혀 갖지 않는다. 구조는 원자의 배열이
나 구성을 강하게 시사하기 때문이다. 얼마나 많은 수의 제1성질이 있
는지에 대한 학자들의 의견 차이는 이미 해석이 강하게 작동하고 있다
는 것을 보여준다.

　　제2성질 또는 감각적 성질을 보면 색깔, 맛, 소리, 냄새, 그리고 열과
냉기처럼 촉각에서 유래한 몇몇 성질은 있지만, 충전성은 없다. 게다가
제1성질은 태양이 밀랍을 녹이는 힘을 가지고 있는 것과 꼭 마찬가지
로 다른 사물에 영향을 미치는 힘을 가진다. 이것이 제3의 힘이다. 제2
성질의 목록은 제1성질의 목록보다 논란의 여지가 훨씬 적은 것 같다.
하지만 제2성질에 관한 한 가지 중요한 물음이 있다. 그것은 대상 안에
존재하는가, 아니면 마음속에만 존재하는가? 이 물음을 제기하는 또
다른 방식은 제1성질과 제1성질의 관념 사이에는 뚜렷한 구별이 있고
전자가 후자를 불러일으킨다는 것이다. 제2성질과 제2성질의 관념 사
이에도 유사하게 뚜렷한 구별이 있는가, 아니면 제2성질이 바로 제2성

질의 관념인가?

　로크는 제2성질은 "대상 자체에는 없는 것이지만 대상의 **제1성질**, 즉 대상의 감각되지 않는 부분들의 부피, 모양, 구조, 운동에 의해 우리 안에 다양한 감각을 산출하는 힘"(2. 8. 10. 17–19.: 135)이라고 말한다.

　이 구절에 대한 영향력 있는 해석은 버클리에서 유래하는데, 이 해석은 첫 번째 조항이 제2성질은 대상 자체 안에 있지 않다고 주장한다고 여긴다. 이 경우에 제2성질은 단지 마음속에 있으며, 제2성질의 관념과 동일한 것임이 틀림없다. 그러나 이런 식으로 이 구절을 읽는 것은 잘못된 것이다. 로크는 우리에게 제2성질은 우리 안에 다양한 감각을 산출하는, 대상 안에 있는 힘이라고 말한다. 따라서 제1성질과 제1성질의 관념 사이에 뚜렷한 구별이 있는 것처럼 제2성질과 제2성질의 관념 사이에도 뚜렷한 구별이 있다. 그것은 바로 제2성질은 우리에게 어떤 결과를 낳는 제1성질들의 어떤 집합 또는 조합이며, 그 결과는 그것의 원인과 닮지 않았다는 것이다.

　로크는 우리가 지각하든 그렇지 않든 간에 제1성질은 물체 안에 존재한다고 주장한다. 반면에, 제2성질은 우리 안에 특정한 결과를 산출하는 제1성질의 힘일 뿐이다. 충전성, 연장 또는 운동 같은 제1성질은 지각하는 사람이 완전하기를 요구하지 않는 반면에 제2성질은 완전하기를 요구한다. 주위에 나무가 쓰러지는 소리를 들을 사람이 전혀 없는 숲에서 나무가 쓰러질 때, 실제로 그 소리를 들을 어떤 감각적 존재의 부재 말고는 쓰러지는 소리가 들릴 모든 조건이 존재한다. 로크는 이 차이가 중대하다고 주장하는 것 같다. 우리는 우리가 그곳에 없는 상태에서도 나무가 쓰러질 수 있다고 추측한다. 여기서 질문은 소리를 듣는 사람이 없다면 그 소리가 존재하는가 안 하는가이다. 명백히 여기서 의미하는 것은 단순히 어떤 원천에서 방출되는 음파가 아니라, 들리는 또는 느낄 수 있는 소리다. 명백하게도 소리가 있으려면 그것을 듣는 사람이 있어야 하므로, 듣는 사람이 없으면 그 관계는 불완전하다. 그것이 본질적이거나 내재적인 성질과, 비록 관계의 종착점은 대상 안에 있지만 본질적이지도 내재적이지도 않은 관계적 성질의 차이다. 경험된 성질에 대한 이러한 강조는 로크의 경험주의와 관련이 있다. 우리는 시각장애인에게 광파와 파장에 대해 이야기하고 주홍색이 스펙트럼의 어디에 있는지 설명할 수 있지만, 그렇다고 시각장애인이 주홍색을 경험하는 데 도움이 되지는 않는다.

11절부터 13절까지 로크는 두 종류의 성질 모두 우리 안에 어떻게 일으켜지는지 고찰한다. 그는 물체가 충격에 의해 우리 안에 관념을 산출한다고 주장한다(2. 8. 12. : 136 참조). 외부 대상이 "우리 마음과 하나로 연합되어 있지 않은 것인데도 우리 마음속에 **관념**을 산출할 때"라고 지나가면서 하는 말은 스콜라 철학의 지적 또는 지향적 상(intelligible or intentional species) 학설에 관한, 전체 장에서 내가 발견할 수 있는, 유일한 언급이다. 로크는 단순히 기계론적 철학 학설을 지지하기 때문에 스콜라 철학의 학설을 멀리하는 것처럼 보인다. 그는 계속해서 12절에서 제2성질은 제1성질이 우리 안에 일으켜지는 것과 똑같은 방식으로 우리 안에 일으켜진다고 주장한다. 비록 "신이 고통 **관념**을 이것과는 전혀 닮지 않은 우리 살을 자르는 한 조각 금속의 운동에 동반케 했듯이, 이 **관념들**을 이것들과는 전혀 닮지 않은 그러한 운동들에 부가했지만"(2. 8. 13. 30-2. : 136-7) 말이다. 우리 자신을 포함하여 물체는 충격에 의해서 다른 물체에 영향을 미칠 뿐이라는 생각, 제1성질과 제2성질 둘 다 똑같은 방식으로 일으켜진다는 생각은 그러한 구별을 하는 로크의 주장에서 중요한 역할을 한다.

8장 16절부터 20절까지 로크는 구별을 위해 일련의 논증을 제시한다. 로크가 제시하는 논증은 좋은 것, 나쁜 것, 대수롭지 않은 것이 섞여 있다는 주장이 종종 제기된다(매키: 20-5). 이것이 참이라는 것은 거의 의심할 여지가 없다. 그러나 로크가 내내 말하고 있고 주목할 가치가 있는 몇 가지 중요한 의견이 있다. 로크는 불 속에 열이 있다고 생각하는 사람에게 "무슨 근거로 불에 의해 자신 안에 산출된 이 **따뜻함의 관념**은 실제로 **불 속에** 있지만 동일한 불이 동일한 방식으로 자신 안에 산출한 **고통의 관념**은 불 속에 **있지 않다**고 말할 수 있는지"(2. 8. 16. 27-32.: 137) 묻는 것으로 시작한다. 로크는 곰곰이 생각해보면 그 사람은 따뜻함도 고통도 불 속에 있지 않음을 알 것이라고 말한다. 두 관념 모두 부분들의 부피, 모양, 운동에 의해 야기되는데, 두 관념 모두 이것들을 닮지 않았다. 18절에서 그는 하양과 달콤함에 대해 비슷한 주장을 하지만, 이제 우리는 제1성질의 관념도 얻게 된다. 만나의 특정 조각은 둥글거나 네모난 형태일 수 있으며 운동 중일 수 있다. "이 운동의 **관념**은 만나를 재현하는데, 이는 운동이 운동하는 **만나** 안에 실제로 있기 때문이다. 원이나 사각형은 그것이 **관념**으로든 실제 존재로든 마음속에 있거나 **만나** 안에 있거나 간에 동일하다. 그리고 바로 이 점, 즉 **운동과 모양이 실제로 만나 안에 있으며**, 이는 우리가 이것들에 대해 주목하든 안 하든 무관하다는 점에 누구라도 쉽게 동의할 것이다."(2. 8. 18. 10-15.: 138) 만나의 부피와 모양, 구조가 우리 내부에 질병과 고통의 감각을 일으킬 수 있으며, 이러한 감각은 만나 안에 있는 것이 아니며, 우리가 느끼지 않을 때는 존재하지 않는다(2. 8. 18. 31-2.: 138-9 참조)라는 주장에는 모두가 동의할 것이다. 이러한 관념은 만나가 작용해서 우리 안에 일으켜진다. 만나의 하양과 달콤함의 관념도 마찬가지다. 그러나 로크는 "사람들은 결코 달콤함과 하양이 만나 안에 있지 않다고 생각하지 않는다"(2. 8. 18. 20-21.: 138)라고 말한다. 로크는 평범한 사람이 받아들이는 전제를 가정한다면, 제2성질은 대상 안에 있다고 주장하거나 고통과 같은 감각은 대상 안에 있지 않다고 주장하면 설명을 필요로 하는 역설에 빠진다고 말한다. 입자론자의 대안에는 이 문제가 없다.

19절에서 로크는 반암의 예를 들며 반암에는 우리가 보는 각양의 색깔들을 산출하는 힘은 있지만, 반암의 색깔이 변할 때 반암의 실질적인 변화는 전혀 없으며, 보이는 색깔이 없을 때도 반암은 계속 존재한다고 주장한다. 20절에서 그는 아몬드를 절구에 빻으면 아몬드의 색깔과 맛이 바뀌는 것은 이 기계적 방법에 의해 아몬드의 구조가 바뀌었기 때문이라고 말한다.

마지막으로, 21절에서 그는 입자론자의 가설은 같은 시각에 같은 물이 한 손에는 따뜻하지만 다른 손에는 차갑게 느껴지는 이유를 완벽하게 명확한 방식으로 설명한다고 주장한다. 이 마지막 예는 두 개의 표적을 가질 것 같다. 첫 번째는 로크가 16절에서부터 계속해서 말하고 있는 평범한 사람의 입장이다. 그러나 이것은 더 곤혹스러운 사례다. 물이 따뜻하면서도 차갑다는 명백한 모순은 로크가 입자 가설을 토대로 지각에 관한 회의적인 문제를 해결하려고 시도해왔음을 시사한다. 로크가 이 사례를 다루는 것은 『하일라스와 필로누스의 대화 세 마당』의 첫 번째 대화에서 버클리가 다루는 것과 현저하게 다르다. 로크와 대비해보면 버클리는 명백한 모순을 사용하여 제2성질은 마음속에 있을 뿐이라고 주장한다. 버클리는 이것 또한 로크의 견해라고 믿었는지도 모른다. 만약 그렇다면, 그는 확실히 틀렸다.

질문

16. 제1성질은 무엇인가? 원자의 제1성질과 거대한 규모의 크기를 지

닌 대상의 제1성질이 있는가? 이것들은 서로 어떻게 비슷하고 어떻게 다른가?

17. 색깔이 감지되는 방식으로 감지될 수 있는 제1성질의 관념이 있는가?

18. 로크의 설명에 따르면 제2성질이 있는가, 아니면 제2성질의 관념만 있는가?

유사성과 표상적 지각 이론

로크는 제1성질의 관념은 대상 안에 있는 성질과 유사하지만 제2성질의 관념은 그렇지 않다고 주장한다(2. 8. 7. 7-16.: 134 참조). 학자들은 여기서 '유사성'이 무엇을 의미하는지 이리저리 생각해왔다. 예를 들어, 만델바움은 로크의 원자론이 그 시점까지 거의 주목을 받지 못했을 수도 있는 이유를 설명하면서 다음과 같이 썼다.

> 로크는 잘 알려진 제1성질과 제2성질에 관한 구별에서 "물체의 제1성질 관념은 제1성질과 유사하며, 제1성질의 패턴은 물체 자체 안에 실질적으로 존재한다"라고 말한다. 그러나 어떤 원자론자도 우리가 물질적 대상을 보거나 만질 때 지각하는 특정한 성질이 원자의 집합체로 간주되는 이러한 대상들이 실제로 소유하고 있는 성질과 동일하다고 일관되게 주장할 수는 없다. 예를 들어, 원자론자에게는 탁자 같은 대상의 지각된 형태를 특징 짓는 연속적 윤곽이 그 대상의 참된 형태의 온전히 적절한 표상으로 여겨질 수 없다. (만델바움: 15)

우리는 로크가 우리의 지각이 정확하게 "주체에 내재하는 어떤 것의 심상이며 **유사물**"이라고 생각하는 것은 잘못이라고 주장하고 있음을 알

아차릴 수 있다. 따라서 어떤 관념이 성질을 닮았는지뿐만 아니라 얼마
나 닮았는지에 대해서도 약간의 의문이 생길 수 있다. 예를 들어 로크
는 제1성질(예를 들어 형태)의 관념이, 그것과 정확히 동일한 형태가
아니라 그것과 동일한 종류의 형태를 공유하기 때문에, 그것의 원인과
닮았다고 주장할 수도 있다. 현대 철학의 전문적 용어로 제1성질 관념
은 동일하게 규정된 형태가 아니라 동일하게 규정 가능한 형태를 공유
한다. 이것이 사실상 만델바움의 해석이다. 그는 로크가 제2성질의 관
념과 그것의 원인이 규정 가능한 것을 공유하지 않는다고 주장했으리
라고 생각한다(만델바움: 21-2). 그래서 물체의 운동 관념과 그 물체
의 실제 운동은 규정 가능한 운동을 공유하는 반면, 빨강의 관념과 그
관념의 원인은 규정 가능한 것을 공유하지 않는다.

우리의 모든 관념이 대상 안에 있는 성질의 심상과 유사물이라고 생
각하는 것이 일반적이라고 로크가 말할 때, 그가 사람들이 일상적으로
생각하는 방식을 염두에 둔 것인지, 아니면 당시 대학에서 가르치고 있
던 스콜라 철학적이며 아리스토텔레스적인 학설을 언급하는 것인지를
고찰하는 것은 또한 가치 있는 일이다. 만약 전자라면, 유사성 주장에
대한 정당화는 사과가 녹색으로 보이는 것처럼, 관념은 대상 안에 있는
것처럼 보인다는 것이 될 것이다. 그렇지만 스콜라 철학 이론에 따르
면, 우리에게 전달되는 것은 대상의 **지적 또는 지향적 상**이다. 그 결과,
우리의 모든 관념은 그것이 유래한 대상 안에 있는 성질과 유사하다.
그러나 전이론적(pre-theoretical) 지각 이론에서든 스콜라 철학적 지
각 이론에서든 색깔과 열은 연장과 운동이 그런 것처럼 대상 안에 존재
한다. 따라서 평범한 사람의 개념에서든 스콜라 철학적 개념에서든 우
리의 색깔 관념은 우리의 연장과 운동 관념만큼 정확하게 대상의 특성
을 재현한다(2. 8. 16. 18-23.: 137 참조). 이것이 제1성질과 제2성질

을 구별함으로써 거짓으로 드러난다고 로크가 믿는 사상이다. 로크가 겨냥하고 있는 것은 스콜라 철학의 학설이며, 그는 그것을 결코 명백히 언급하지 않는 반면에, 이 점에서 우리의 일상적인 경험에 관해 말하고 있는 것이라고 몇몇 학자들이 주장해왔다. 설령 로크가 지적 또는 지향적 상이라는 스콜라 철학의 학설을 마음속에 품고 있다 하더라도, 단순히 대안적인 입자론자의 설명을 제시하는 것이 유사성 문제를 어떻게 해결할 수 있는지는 명확하지 않다.

『로크가 제기한 문제들』(*Problems from Locke*)에서 매키(J. L. Mackie)는 로크의 제1성질과 제2성질의 구별에 주된 난점이 있다고 말한다.

> 그것은 우리의 관념이 우리의 감각기관에 작용하면서 또한 감각기관을 통해 우리의 뇌에도 작용하는 외부 사물에 의해 인과적으로 생성된다고 가정하면서도, 우리 마음속의 관념과 외부적으로 실재하는 사물을 날카롭게 구분하고, 또한 우리 관념의 일부와 그러한 외부 실재에 대해 지적으로 말할 수 있다고 가정하는 표상적 지각 이론의 틀 안에서 형성된다. (매키: 27-8)

표상적 지각 이론은 무엇이며, 로크가 그런 이론을 주장했다면 왜 그것이 문제가 되는가? 표상적 지각 이론은 전형적으로 지각자, 관념 또는 감각 자료, 그리고 물리적 대상 사이의 삼중 관계다. 그러한 이론에서 내가 직접 보는 것은 대상에 의해 유발된 감각 자료 또는 관념이며, 이러한 관념은 차례로 그러한 대상을 재현한다. 그래서 나에게 직접 나타나는 것은 관념이며, 관념을 일으킬 수 있는 물질적 대상은, 단지 매개적으로 마주치지만, 그것 또한 실재적이다. 반면에 실재론적 지각 이론은 지각자와 지각된 사물의 관계가 양자 관계라고 주장하는 경향이 있다. 나는 사과를 직접 본다. 매개 관념이나 감각 자료는 없다.

표상 이론은 우리에게 매우 일반적인 형태의 유사성 문제를 제기한다. 로크는 제1성질의 관념은 대상 안에 있는 성질과 비슷하지만, 제2성질의 관념은 그렇지 않다고 주장한다. 그러나 우리가 직접 지각하는 모든 것이 관념이라면, 그 관념이 그것을 일으키는 사물을 정확하게 또는 부정확하게 재현하는지를 우리가 어떻게 알 수 있는가? 우리의 관념과 비교하기 위해서 우리는 대상 자체를 지각할 필요가 있을 것이다. 그러나 우리는 대상이 아닌 관념을 경험할 뿐이다. 표상적 지각 이론의 함축에 대한 이러한 견해는 지각의 장막 또는 때때로 상/실물 이론 학설이라고 불렸다. 몽테뉴는 로크보다 100년 앞서 정확히 요점을 짚었다. 그는 『레이몽 스봉의 변호』에서 다음과 같이 쓰고 있다. "감각기관의 인상이 유사성에 의해서 외부 대상의 성질을 영혼에 전달한다고 말하는 것에 관해서, 영혼은 외부 대상과 아무런 의사소통을 하지 않고 어떻게 이 유사성을 확신할 수 있는가? 이것은 소크라테스를 모르는 사람이 그의 초상화를 보고 그 초상화가 소크라테스와 유사하다고 말할 수 없는 것과 같다."(몽테뉴: 186)

문제의 중대한 특징은 그것이 포괄적이라는 것이다. 우리의 모든 관념은 현상의 측면에 존재하는 반면, 우리의 관념을 일으키는 모든 물질적 대상은 실재의 측면에 존재한다. 딜레마는, 한편으로는 제1성질과 제2성질의 구별이 표상적 지각 이론을 필요로 하는 것 같지만, 그러한 표상적 이론의 본성은 그 구별을 위한 어떠한 근거도 제공하지 못한다는 것이다. 문제의 포괄적 본성 때문에, 그것은 『성찰』에서 데카르트의 꿈과 사악한 악마 가설에 의해 제기된 문제들과 상당한 공통점을 갖는다. 데카르트의 해결책은 다양한 본유 관념들을 발동하여, 이것들을 실재와 현상을 연결하는 데 사용하는 것이다. 이 해결책은 로크에게 열려 있지 않다.

우리는 또한 로크 자신이 상/실물 유비와 그와 관련된 문제를 완벽하게 알고 있는 것처럼 보인다는 점에 주목할 수도 있다. 로크는『신 안에서 모든 사물을 본다는 말브랑슈의 견해에 대한 검토』에서 다음과 같이 언급한다. "관념의 본성 해명 4판 535쪽에서 그는 '사물의 관념은 변하지 않는다고 확신한다'라고 말한다. 나는 이것을 이해할 수 없다. 내가 어떤 것의 상이 무엇을 재현하는지 결코 알지 못할 때, 그 상과 그 사물이 비슷한지를 어떻게 알 수 있는가?"(로크, 1823, 9권: 250)

우즐리(A. O. Woozley)와 욜턴 같은 몇몇 학자는 로크가 상/실물 지각 개념에 의해 제기된 문제를 알고 있었기 때문에 표상적 지각 이론을 주장하지 않았음에 틀림없다고 결론 내렸다. 그러나 매키는 말브랑슈의 견해가 로크의 견해와 크게 다르다고 지적한다. 로크가 비판하고 있는 사상은, 표상의 산출에서 인과적 역할을 하는, 재현되는 그 사물이 없는 표상을 포함한다.

그러나 매키는 로크가 상/실물 유비가 자신의 이론에 적용된다는 것을 인정하지만 그 유비가 제기하는 물음을 해결할 수 있다고 생각한다고 본다(매키: 38-9 참조). 4권에서 실재적 지식을 논의할 때, 로크는 수수께끼를 제기한다(4. 4. 3. 27-34.: 563 참조). 이 구절에서 로크가 언급하는 두 종류의 실재적 관념은 단순 관념과 양태다. 제1성질과 제2성질의 구별을 고찰할 때 우리는 단순 관념에 관심이 있지, 양태에 관심이 있지 않다. 로크가 실제적인 단순 관념의 예로 제시하는 것은 하양과 밝음으로 둘 다 제2성질의 관념이다. 이것은 제1성질과 제2성질 둘 다의 단순 관념이 실재적임을 시사한다. 로크는 실재적 관념으로 그가 의미하는 바가 무엇인지를 설명한다. 만약 관념이 "사물 또는 그 원형의 실제 존재와의 일치 같은, 자연 안에서 토대를"(2. 30. 1. 11-17.:

372) 갖는다면, 관념은 실재적이다. 그는 이러한 의미에서 모든 단순 관념은 실재적이며, "모든 것이 사물의 실재에 일치한다"(2. 30. 2. 19-20.: 372)라고 계속해서 명백히 말한다. 따라서 제1성질과 제2성질은 모두 실재적이다(2. 30. 2. 20-6.: 372-3 참조). 그러므로 로크의 관점에서 결과가 우리 외부 사물 안에 있는 그 원인에 대해 지속적인 상응물을 갖는 한, 그것들이 대상 안에 있는 성질과 유사하든 그렇지 않든 간에 그것들은 실재적이다.

만약 우리가 로크의 유사성 테제에 대한 인과성의 중요성을 언급한 매키의 의견을 기억한다면, 로크는 말브랑슈가 그의 이론에서 대상과 관념 사이에 아무런 인과적 연관성이 없기 때문에 관념이 실재적이라고 설명할 수 없었다고 주장할 것이다. 사실상 앞서 인용된 구절의 연장선에서, 로크는 말브랑슈의 발언에 자신이 부여할 수 있는 유일한 다른 가능한 의미는 관념이 항상 그 자체와 동일할 것이라는 항진명제라고 말한다. "그러므로 말[馬]의 관념, 그리고 켄타우로스의 관념은 내 마음속에서 자주 반복되는 만큼 변함없이 동일하다. 이것 이상은 아니다. 동일한 관념은 항상 동일한 관념일 것이다. 그러나 말의 관념이나 켄타우로스의 관념이 존재하는 어떤 사물의 진정한 표상인지는, 그의 원리에 따르면, 우리 저자도 다른 어느 누구도 알 수 없다."(로크, 1823, 9권: 250) 따라서 사물과 관념 사이의 인과적 연관성이 없다면, 말브랑슈는 우리의 말 관념이 사물에 부합하는 반면, 우리의 켄타우로스 관념은 그렇지 않다고 주장할 근거를 갖지 못할 것이다. 로크는 중요한 인과적 요소를 갖춘 자신의 설명이 더 낫다고 주장한다. 로크는 4권에서 이 쟁점을 다시 다룬다. 우리는 거기에서 이 문제를 다시 검토할 것이다.

제1성질과 제2성질에 대한 로크의 설명은 자연스럽게 실체에 대한 논의로 이어진다. 이것은 우리를 2권 8장부터 23장, '실체의 복합 관념에 대하여'로 안내한다.

질문

19. 제1성질의 관념은 그것의 원인과 비슷하지만 제2성질의 관념은 그렇지 않다고 말할 때, 로크가 의미하는 바는 무엇인가?

20. 로크가 제1성질이 실재적이라고 말할 때 그가 의미하는 바는 무엇인가?

21. 로크가 제2성질이 실재적이라고 말할 때, 그가 제1성질이 실재적이라고 말할 때와는 다른 의미로 '실재적'이라는 용어를 사용하고 있는가? 만약 그렇다면 차이점은 무엇인가?

22. 표상적 지각 이론은 무엇인가? 제1성질과 제2성질의 구별이 어떤 이유로 표상적 지각 이론 또는 인과적 지각 이론을 필요로 하는가?

23. 표상적 지각 이론을 채택하는 것이 제1성질과 제2성질을 구별하는 데 어떤 문제를 일으키는가?

공간, 충전성, 진공과 실체

13장에서 로크는 공간 관념으로 주제를 바꾼다. 공간의 본성에 대한 논쟁은 아리스토텔레스와 고대 원자론자로 거슬러 올라간다. 공간 안에 완벽한 진공 상태가 있을 수 있다는 것을 원자론자들은 긍정했고, 아리스토텔레스는 부정했다. 이 논쟁은 중세를 거쳐 중대한 지적 학설로서 원자론이 재등장한 17세기까지 계속되었다.

   로크는 공간 관념을 단순 관념으로 여긴다. 그는 "시각과 촉각으로", 즉 물체들 또는 물체의 부분들 사이의 거리를 봄으로써, "우리가 공간 관념을 얻는다"는 것을 자신이 이전에 보여주었다고 주장한다(2. 13. 2. 11.: 167). 그는 계속해서 거리와 용적을 포함한 다양한 용어를 정의한다. 그는 "각각의 다른 거리는 공간의 다른 변양(modification)이며, **어떤 다른 거리** 또는 **공간** 관념도 **각각** 이 **관념**의 단순 양태"(2. 13. 4. 21-23.: 167)라고 말한다. 마음은 인치, 피트, 패덤(물 깊이 측정 단위―옮긴이), 마일과 같은 다양한 거리 단위를 만들 수 있다. 이러한 관념은 모두 공간 관념을 구성한다. 사람들은 이러한 측정 단위를 마음속으로 반복하여 길이, 사각형 또는 정육면체와 같은 관념을 얻을 수 있고, 그것들을 서로 결합하여 "그들이 원하는 만큼 공간 관념을 확장할" 수 있다(2. 13. 4. 6.: 168). 이로써 우리는 무량(immensity)의 관념을 얻는다. 그는 다음으로 '모양'을 정의하고, 마음은 무한히 다양한 모양과 형태를 형성하기 위해 어떤 크기의 각도도 만들고 공간을 둘러싸는 능력이 있다고 주장한다. 그런 다음 그는 7-10절에서 다른 사물에 상대적인 위치라고 주장하면서 '장소'라는 주제로 돌아간다. 그리고 이것이 우주라는 장소가 무엇인지 우리가 알지 못하는 이유를 설명한다고 했다.

13장 11-16절에서 로크는 물체를 연장과 동일시하는 데카르트주의에 반대하는 주장을 한다. 그는 또한 4장 충전성에 대한 논의에서 언급하는, 진공에 찬성하는 주장을 제시한다. 이 주장은 13장에서 나중에 나오기는 하지만 4장을 회고하는 것이므로, 우리는 이 주장으로 시작할 것이다. 반면에 연장과 충전성에 대한 논의는 23장 '실체의 복합 관념에 대하여'에서 이루어지는 실체에 대한 논의로 이어진다.

물체, 충전성과 연장
로크는 데카르트주의자들이 '물체'라는 낱말의 의미를 바꾸거나 또는 두 가지 매우 다른 관념을 혼동하고 있다고 주장하면서 물체를 연장과 동일시하는 것에 대한 공격을 시작한다. 그는 데카르트주의자들이 다른 사람들이 낱말의 의미를 바꾸는 것에 대해 불평하므로, 그들이 낱말의 의미를 바꾸었으리라고 생각하지 않는다. 반면에 대부분의 사람들이 '물체'로 의미하는 것은 "충전되고 연장된 어떤 것, 그것의 부분들이 여러 방식으로 분리되고 움직일 수 있는 것이다. 그리고 대부분의 사람들이 '연장'으로 의미하는 것은 단지 충전되고 정합적인 부분들의 극단 사이에 있고 그것들에 의해 점유되고 있는 공간"(2. 13. 11. 30-34.: 171)이다. 따라서 데카르트주의자들은 이 두 가지 마땅치 않은 대안 가운데 어느 것을 기꺼이 받아들일지 선택할 수 있다. 또는 로크는 그들이 첫 번째 대안을 선택하지 않을 것이라고 말하기 때문에, 그들이 정말로 서로 구별되는 두 가지 관념을 혼동하고 있다고 시사한다.

　로크는 연장되는 어떤 것은 그것이 충전적이기 위한 필요조건이라고 계속해서 지적하지만, 그것들은 여전히 완전히 구별되는 관념들이다. 그는 "충전성은 물체로부터 분리될 수 없는 관념이어서, 그것은 공간의 충만, 그 접촉, 그 충격, 충격에 따른 운동 전달에 의존한다"(2. 13. 11. 9-11.: 172)라고 말한다. 그는 만약 데카르트주의자들이 "생각은 그 안에 연장 **관념**을 포함하지 않으므로" 마음과 물체가 구별된다고 주장한다면, 내가 생각하기에 "공간은 그 안에 충전성 **관념**을 포함하지 않으므로, **공간은 물체가 아님**을 증명하는 것은 동일한 이유로 타당할 것"(2. 13. 11. 13-15.: 172)이라고 주장한다. 그런 다음 그는 공간의 부분은 분리 불가능하고 움직일 수 없으며 물체의 운동에 저항하지 않기 때문에, 물체와 연장이 다르다는 의견을 제시한다(2. 13. 14. 13-15.: 173).

　이 주장의 첫 부분이 아마도 가장 중요한 것 같다. 로크가 충전성과 연장이 서로 다르다고 주장함으로써 데카르트주의자들이 원자론자의 전제를 받아들이게 하려고 시도하고 있기 때문이다. 데카르트는 연장과 충전성의 이러한 구별을 그럴듯한 실수로 여기고 이러한 로크의 주장이나 그 결론을 받아들이지 않을 것이다.

로크는 데카르트주의자들이 몇 가지 이의를 제기할 것으로 예상한다. 첫째, 공간은 어떤 것이거나 무(nothing)라는 딜레마가 있다. 만약 공간이 무라면, 두 물체 사이에는 아무것도 없게 되므로 그것들은 반드시 서로 접촉하고 있어야 한다. 만약 공간이 어떤 것이라면, 데카르트주의자들은 그것이 물체인지 정신인지 물을 것이다. 로크의 대응은 수사학적 질문을 하는 것이다. "대체 누가 이들에게 있는 것들이란, 또는 무일 수 있는 것들이란 생각하는 능력을 갖지 않은 충전적인 존재자들과 연장되어 있지 않은 생각하는 존재자들뿐이라고 말했는가?"(2. 13. 16. 32-34.: 173) 이 수사학적 질문이 명백히 함의하는 요점은 정의된 대로 물체와 정신은 가능성을 고갈시키지 않는다는 것이다. 충전적 대상에 더하여, 빈 공간이 있다.

실체에 대한 뚜렷하고 구별되는 관념의 부재

로크가 예상하는 다음 질문은 물체가 없는 이 공간이 실체인지 우유성(accident)인지의 여부다. 그는 자신도 모른다고 하면서 "질문한 그들이 나에게 뚜렷하고 구별되는 실체의 관념을 보여줄 때까지 나 자신의 무지를 부끄러워하지도 않을 것"(2. 13. 17. 2-4.: 174)이라고 말한다.

로크는 18-20절 내내 우리는 실체에 대한 뚜렷하고 구별되는 관념을 갖고 있지 않다고 주장한다. 이 구절은 로크의 비평자 가운데 한 사람인 스틸링플릿 주교가 로크는 실체와 같은 것이 없다고 생각했음을 주장하기 위해 인용했던 것이기 때문에 주목할 만한 가치가 있다. 하지만

로크의 요점은 우리가 실체 관념을 갖고 있지 않다는 것이 아니다. 그
것은 단지 우리가 뚜렷하고 구별되는 실체 관념을 갖지 않는다는 것이
다. 오히려 우리의 실체 관념은 불명료하고 혼란스럽고 상대적이다. 그
리고 그것이 뚜렷하고 구별되지 않기 때문에, 로크는 빈 공간이 실체인
지 아닌지 알 수 없는 것에 대해 훌륭한 이유를 갖고 있다(2. 13. 18.
5-11.: 174 참조).

　　로크는 '실체'라는 낱말을 매우 강조하는 사람들, 아마도 데카르트주
의자들이 신, 정신, 물체와 같은 완전히 구별되는 것들에 이 낱말을 같
은 방식으로 적용한다면, 신과 정신과 물체는 "그 **실체**의 단순한 다른
변양과 다르지 않다. 나무와 조약돌처럼, 같은 의미에서의 물체로 존재
하고 물체의 공통 본성에 일치하는 것은 그 공통 물질의 단순 변양에서
만 다르다. 이것은 매우 거친 학설이 될 것"(2. 13. 18. 17-22.: 174)이
라고 계속해서 쓴다. 여기서 로크가 염두에 두고 있는 것이 정확히 무
엇인지는 파악하기 어렵다. 그러나 신은 정신이나 물체와 다르다는 것
이 틀림없으므로, 실제로 우리는 그것들이 나무와 조약돌의 유비가 함
의하는 것만큼 공통점이 많다고 말하고 싶어 하지 않으리라는 것이 요
점인 것처럼 보인다. 하지만 이 유비는 그것들 각각이 실체라는 것을
함축하는 것처럼 보인다. 대안은 그것들이 너무 다르기 때문에 실체가
세 가지 다른 의미로 사용되고 있다는 것이다. 그러나 만약 그렇다면,
낱말의 이러한 구별되는 의미들이 무엇인지 명확히 하고 아마도 그것
들에 대해 세 가지 다른 낱말을 사용하는 것이 적절해 보일 것이다. 그
리고 로크는 만약 그와 같이 구별되는 세 가지 의미가 있다면, 세 가지
와 다른 의미에서 빈 공간이 실체가 될 수 있게 허용하는 네 번째 의미
를 왜 추가하지 않느냐고 묻는다.

　　로크가 자신이 제기하는 딜레마의 첫 번째 부분이 작동한다고 생각

하는 이유는 약간 당혹케 한다. 만약 '실체'라는 낱말이, 개별적인 차이
가 체계적으로 제거되고 남은 모든 것이 매우 일반적인 용어인, 매우
높은 수준의 추상을 의미한다면, 매우 다른 사물들이 어떤 방식으로든
그것들이 닮았다는 것을 시사하지 않거나, 또는 '매우 거친 학설'을 생
성하지 않고서도 '실체'라고 불릴 수 있었던 것처럼 보일 것이다. 그러
나 잠시 이 걱정을 제쳐두고 로크가 또 무슨 말을 하는지 살펴보자.

　19절에서 로크는 새로운 노선의 주장을 펼친다(2. 13. 19. 1-14.:
175 참조). 로크는 실체와 그것이 지지하는 우유성의 구별이 도움이 되
지 않는다고 주장한다. 이것은 마찬가지로 우리가 이해하지 못하는 사
물에 이름을 붙이는 것은 우리가 갖고 있지도 않은 지식을 가장하게 할
뿐이라는, 18절의 시작 부분에서 공언한 주제의 예인 것처럼 보인다.
그러나 "그렇지만 실체의 관념은 실체가 무엇을 하는지에 관한 하나의
불명료한 관념에 불과하다"라는 마지막 문장은 우리가 실체의 관념을
갖고 있음을 명백히 한다.

　20절에서 로크는 '**실체**와 **우유성**의 학설'이 철학에서 거의 용도가 없
다는, 앞 절에서 시작된 주장을 계속한다. 그는 분명히 부적절한 두 가
지 유비적인 설명의 예를 제시한다. 첫 번째는 기둥을 지지하는 토대와
토대에 의해 지지되는 기둥으로 그에게 설명된, 기둥과 그 토대의 기능
을 갖는 아메리카 인디언의 예다. 로크는 "그는 이런 설명을 듣고 자신
이 무엇인가 가르침을 받는 대신 놀림을 당했다고 생각하지 않겠는
가?"(2. 13. 20. 19-21.: 175)라고 묻는다. 또 다른 예는 책에 대해 다
음과 같은 말을 듣는 이방인의 예다. "모든 학문적인 책은 종이와 글자
들로 이루어져 있으며 글자들은 종이 안에 내재해 있는 사물이고, 종이
는 글자들을 제시한 사물이다. 이것이 우리가 글자들과 종이에 대한 뚜
렷한 **관념**을 갖게 되는 유명한 방법이다."(2. 13. 20. 23-26.: 175) 로

크는 실체와 우유성의 관념이 똑같이 순환적이고 정보를 주지 않는 방식으로 정의된다고 주장한다. 따라서 그것들은 우리가 빈 공간이 실체인지 우유성인지를 결정하는 것을 돕는 데 거의 소용이 없을 것이다.

질문

24. 로크가 충전성이 물체 관념의 일부라고 주장하는 이유는 무엇인가?
25. 공간에 대한 데카르트주의자들과 로크의 의견 불일치에는 어떠한 실체 개념이 관련되어 있는가?
26. 로크의 실체 관념에는 어떤 문제가 있는가?

무한 공간과 진공

로크는 몇 가지 사고 실험을 제기하여 21–23절에서 데카르트주의자에 반대하는 주장을 계속 전개한다. 첫 번째는 데카르트주의자에 반대하여 공간이 무한하다는 것을 증명하는 것이다. 데카르트는 공간이 확정적이지 않다는 점만을 인정할 뿐, 이렇게 말하기를 꺼렸다. 로크는 우주에서 마지막 물체가 존재하는 지점에 신에 의해 배치된 어떤 사람을 상상한다. 그 사람은 자기 팔을 뻗는 데 어떤 방해물을 발견하기도 하고 그렇지 않기도 한다. 아무것도 방해하지 않는다면 공간이 마지막 물체를 지나 확장된다는 것은 분명하다. 만약 어떤 것이 그 사람의 팔을 방해한다면, 로크는 이 경우 팔을 방해하는 것이 실체인지 우유성인지를 데카르트주의자들이 그에게 알려주기를 원한다. 그는 그들이 이 질문에 답했을 때 서로 약간의 거리를 두고 있는 두 물체 사이에 있는 것이 무엇인지를 그들이 결정할 수 있다고 생각한다.

　두 번째는 신이 우주의 모든 운동을 완전히 정지시키고 나서, 한 조각의 물질을 파괴할 수 있었다는 가정과 관련된다. 그 조각이 파괴되고 남은 것이 진공 상태일 것이다. **가설에 따라서**, 물체가 파괴되기 전에 그것이 있었던 공간으로 이동할 수 있는 것은 아무것도 없기 때문이다. 이런 가능성을 부정하는 것은 신의 전능함을 훼손하는 일이 될 것이다.

로크는 물체의 운동으로부터 세 번째 주장을 제시한다. 실제로 그는 물체의 부분들이 그것들의 경계 안에서 자유롭게 움직이려면 빈 공간이 필요하다고 주장한다. 하지만 이것은 움직이는 물질이 중간 크기의 물체에서 작동하는 방식부터 미세한 물체에서 작동해야 하는 방식에 이르기까지 발생하는 또 다른 초어법적인 주장이다. 요점은 어떤 규모이든 간에 운동하는 데는 빈 공간이 필요하다는 것이다.

로크는 23절과 24절에서 두 가지 주장을 추가한다. 첫 번째 주장은 쟁점이 물체의 관념과 동일한 것인 공간이나 연장의 관념에 관한 것이기 때문에 진공의 실질적 존재에 대한 증거가 전혀 필요 없다는 말로 시작한다. 유일하게 필요한 것은 진공에 대한 관념이 존재한다는 증거다. 그리고 로크는 진공의 존재에 대해 논쟁하는 사람들이 그것의 존재 유무를 두고 논쟁할 때 그런 관념을 가지고 있다는 것이 명백하다고 생각한다. 왜냐하면 "만약 그들이 물체가 없는 공간의 **관념**을 갖고 있지 않다면, 그들은 그것의 존재에 대해 질문을 할 수 없"(2. 13. 23. 13-14. : 178)기 때문이다. 반면에 만약 그들이 단순한 공간 관념만 포함하는 물체의 관념을 갖고 있지 않다면, 그들은 세상의 풍요함 이외의 어떤 것도 상상할 수 없다. 따라서 이러한 논쟁을 할 수 있는 우리의 능력은 우리가 적어도 충전적 물체와 빈 공간의 관념을 가지고 있음을 시사한다.

질문

27. 진공이 존재한다는 증거는 필요하지 않고 진공의 관념이 존재한다
는 증거만 필요하다는 주장을 어떻게 이해해야 하는가? 만약 사람
들이 유니콘의 존재에 대해 논쟁한다면, 두 논쟁자가 유니콘이 무
엇인지에 대해 같은 관념을 가지고 있다는 것을 증명하는 것이 정
말로 강점이 되는가? 만약 이 유비가 설득력이 없다면 두 경우의
차이는 무엇인가?

24절과 25절에서 로크는 데카르트주의자가 어떻게 서로 다른 두 가지
관념을 혼동하는 실수를 저지르게 되었는지 되돌아본다. 11절에서는
그 실수를 그 관념들 탓으로 돌렸다. 그는 연장 관념이 "모든 시각적 성
질, 그리고 대부분의 촉각적 성질과 분리할 수 없게 결합되어 있어서
우리는 연장의 인상을 받아들이지 않고서는 그 어떤 시각적인 성질도
볼 수 없거나 거의 아무런 외부 대상들도 느낄 수 없다"(2. 13. 24. 21-
24.: 178)라고 썼다. 로크는 연장이 없는 물체를 보지 못했기 때문에,
데카르트주의자들은 이것이 물체의 본질이라고 결론지었다고 생각한
다(이것은 데카르트가 이 결론에 도달하게 되었던 이유에 대한 아주
그럴듯하지 않은 설명이다). 로크는 그들이 미각과 냄새와 배고픔과
목마름의 관념을 고려했다면, 그것들 안에 포함된 연장의 관념을 갖지
않는 물체 관념을 발견했을 것이라고 제안한다. 마지막으로 그는 25절
에서 단일성도 모든 물체에 적용되는 관념이라고 썼지만, 단일성이 모
든 물체의 본질이라고 말하기는 어려울 것이다.

물질적 대상과 실체

실체에 관한 우리의 관념은 복합 관념의 주된 범주 가운데 하나다. '실

체'는『인간지성론』에 거의 '관념'이라는 낱말만큼 빈번하게 나오는 용어다. 실체에 관한 한 가지 공통된 사고방식은, 실체는 독립적으로 존재할 수 없는 성질들에 반대되는 것으로서 독립적으로 존재하는 어떤 것을 의미한다는 것이다. 적어도 한 학자가 로크는 이 실체 개념을 유념하지 않는다고 시사했는데, 확실히 그것은 참이 아니다. 하지만 실체에 관한 로크의 설명을 이해하기는 여러 가지 이유로 어렵다. 로크는『인간지성론』에서 '실체'에 관한 논의를 확장하면서 '기체'(substratum), '실체 일반', '본질', '실재적 본질', '명목적 본질'과 같이 서로 다른 용어를 사용한다. 이 다양한 용어들이 실체에 관한 로크 자신의 설명에서 어떻게 서로 관련되며, 스콜라 철학, 입자론자, 평범한 사람들의 견해와 어떻게 관련되는지 상당한 학문적 논의가 있었다. 여러 가지 가능한 입장이 있다. 2권 23장으로 돌아가 보자.

　　로크는 우리가 어떻게 실체 관념을 얻으며 그 과정에서 어떻게 약간의 실수를 저지르는지 설명함으로써 그 장을 시작한다(2. 23. 1. 4-16.: 295 참조). 로크는 우리의 실체 관념은 우리가 단순 관념 중 많은 것이 모여 있음을 주목하기 때문에 발생한다고 말한다. 로크가 우리가 많은 성질이 함께 있음을 주목한다고 말했다면 더 나았을 것이다. 그 이유는 그가 "한 사물에 속한 것으로 추정되는 것"을 말할 때 그는 마음속 관념이 아니라 대상 안에 있는 성질들을 뜻한다는 것이 명백하기 때문이다. 그래서 만약 우리가 '기체'라는 용어를 도입하기 전에 있는 구절을 본다면, 그 구절은 한 실체는 우리가 항상 함께 있음을 주목하는 성질들 덩어리일 뿐임을 시사할지도 모른다. 그러나 로크는 그가 '기체'와 '실체'라고 부르는, 그 성질들을 모두 함께 붙잡고 있는 어떤 것을 시사하기 위해서 우리는 성질들 덩어리를 넘어선다고 생각한다. 만약 이것이 평범한 사람들이 생각하는 것에 관한 설명이라면, 아마도 로크는 틀린 것 같다. 더 그럴듯하게 보이는 것은 소수 철학자만 이 실체 관념을 갖는다는 것이다.

로크는 우리가 실체에 관해서 일정하게 저지르는 잘못이 여러 가지 있다고 믿는다. 우선 우리는 우리의 실체 관념이 단순 관념의 집합임을 기억하지 못하고, 마치 그것이 하나의 단순 관념인 것처럼 다룰지도 모른다. 로크는 여기서 다시 '관념'이 아니라 아마도 '성질'이라고 썼어야 했을 것이다. 우리는 성질들이 그 안에 존립하며, '성질들이 그것으로부터 비롯되는' 하나의 사물이 있다고 생각하기 때문에, 실체가 하나의 성질이라고 생각하는 잘못을 저지른다. 여기서 '기체'라는 용어는 성질들이 거기에 내재하고, 거기서 비롯되는 것과 동일한 것처럼 보이며, '실체'라는 용어와 같은 뜻이다.

로크는 다음 절에서 '순수한 실체 일반' 관념을 내놓는다(2. 22. 2. 17-6.: 295-6 참조). 따라서 우리 안에 단순 관념을 산출하는 성질은 보통 '우유성'이라고 불린다. 성질들에 대한 미지의 지지체(unknown support)를 상정하는 것은 애매하다. 그러한 지지체는 알려질 수 있지만 알려지지는 않거나, 또는 원리상 알려질 수 없었다. 앞서 말한 종류의 지지체는 제1성질과 제2성질 관념이 거기서 비롯되는 제1성질 덩어리일지도 모른다. 그러나 로크는 '충전성과 연장이 내재하는 것은 무엇인가'라고 물음으로써 더 깊은 단계가 있음을 함축하고 있는 것처럼 보인다.

언어에서 주어와 술어의 차이가 뚜렷한 것과 마찬가지로 세계 안에 실체와 성질의 차이가 있다고 시사하는 오래된 주장이 있다. 성질은 독립적으로 존재할 수 없다. 그러나 성질이 그 안에 내재하는 것은 무엇인가? 그것은 성질이 없는 어떤 것임에 틀림없다는 주장이 계속된다. 그러나 어떤 성질도 없는, 순전히 논리적 주체인 존재는 원리상 전혀 알 수 없는 것임에 틀림없다. 로크가 이 주장을 받아들인다는 것은 규칙적으로 시사된다. 지난 40년이 넘도록 알렉산더, 만델바움, 에이어스(Michael Ayers) 같은 저명한 학자들은 이 주장을 논의해왔다. 에이어스는 실체에 관한 로크의 입장이 가상디에서 유래하며, 사실상 로크가 유념하는 것은 무속성 개체(a bare particular)나 논리적 주체가 아니라 사물의 실재적 본질이라고 주장한다(에이어스, 2권: 28-9). 사물의 실재적 본질은 사물의 원자적 구조에 있으며, 따라서 원리상 알 수 있다. 그렇지만 로크는 우리는 실재적 본질을 알지 못하며, 아마도 결코 알 수 없으리라고 생각한다(2. 23. 3. 20-25.: 296 참조).

  로크는 자신의 무지를 은폐하기 위해서 라틴어를 사용하는 사람들을 비판한다. 그러나 다른 한편 만약 기체가 성질이 전혀 없는 논리적 주체라면, 우리는 단순히 그것의 알 수 없는 특성을 지적하고 알 수 없는 것을 아는 척하는 사람을 비난해야 한다는 것처럼 보일 것이다. 바로 여기서 무엇인가가 잘못된 것처럼 보인다. 실체 일반에 관한 논의를 시작하면서 로크는 색깔이나 무게라는 제2성질이 그 안에 내재하는 것이 무엇인지 묻고, 그것은 충전적이고 연장된 부분들이라고 대답한다. 그 다음에 그는 충전성과 연장이 그 안에 내재하는 것이 무엇인지 묻는다. 그리고 나서 로크는 우리가 마지막 물음에 대답할 수 없는 무능력을, 지구를 지지하고 있는 것이 무엇인지를 설명해야 한다고 믿고는 지구는 커다란 거북이에 의존한다고 대답하고, 거북이가 의존하는 것을 물으면 "내가 무엇인지 알지 못하는 것"(2. 23. 2. 21-6.: 295-6)에 의존한다고 대답하는 인디언에 비유한다. 제2성질과 제1성질이 그 안에 내재하는 것에 관한 로크의 물음과 지구를 지지하는 것에 관한 물음의 구조적 유사성을 깨닫지 못하기는 어렵다. 그 비유는 유명하지만 좋은 발상이 아닐지도 모른다. 만약 로크가 정말로 이러한 물음의 후퇴가 아무

런 성질도 갖고 있지 않고 원리상 알 수 없으며 추상 과정을 통해 도달
되는 논리적 주체에서 끝난다고 믿는다면, 왜 이 물음의 후퇴를 설명하
려는 시도가 처음부터 나쁜 발상이고, '내가 무엇인지 모르는 것'이라
는 대답이 설명의 실패를 가리키며, 추상 과정이 전혀 포함되지 않은
경우에 비유할까? 로크는 계속해서 실체와 우유성 학설을 생각해낸 유
럽의 스콜라 철학자들을 신랄하게 인디언에 비유하고, 그들은 자기들
이 알 수 없는 것을 아는 체하며, 자기들이 우유성이 그 안에 내재하는
것을 설명하지 못할 때 그것을 설명하는 체한다고 시사한다. 그러나 그
인디언은 자신이 거북이가 의존하는 것이 무엇인지 알지 못함을 안다.
어쨌든 이 차이점은 혼동을 일으킬 수 있으며, 라이프니츠가 『신인간
지성론』(*New Essays Concerning Human Understanding*)에서 혼동하는
것은 로크(라이프니츠: 219)라고 주장하게 했다. 로크가 이 비유로 너
무 많은 것을 설명하려고 했던 것일지도 모른다.

　『신인간지성론』에서 인디언 비유를 논하면서 라이프니츠는 성질이
없는 순수한 논리적 주체가 한 사물이 어떤 성질을 가졌는지 설명해야
한다고 요구하는 것은 불가능한 것을 묻는 것이라고 썼다. 그러나 로크
는 그런 잘못을 저지르고 있는 것처럼 보이지 않는다. 2권 23장 3절을
시작하면서 로크는 개별 종류의 실체 관념은 "경험에 의해 함께 존재하
는 것으로 주목되는 단순 **관념들**의 결합체들을 모음으로써"(2. 23. 3.
22-24.: 296) 만들어진다고 언급한다. 그는 계속해서 이 관념은 이 사
물의 미지의 본질, 아마도 그것의 원자적 구조에서 유래한다고 말한다.
그가 3권에서 '실재적 본질'이라고 부르게 될 때 이것은 마찬가지로 미
지의 것이다. 그러나 이 사물의 원자적 구조는 실체 일반보다는 아주
다른 이유로 인해 미지의 것이다. 따라서 한 개별 사물이 왜 성질을 갖
는지 설명한다고 상정되는 것은 실체 일반이 아니라, 그 사물의 원자적

구조다. 17세기에 과학자들은 이 실재적 본질에 관해서 아무것도 알지 못한다고 주장할 수 있었다. 로크는 3권에서 이 의견을 말하기 위해서 애쓴다. 그러나 오늘날 물리학자, 화학자, 생화학자는 많은 실재적 본질을 안다. 따라서 이 경우에 우리의 무지는 우연한 것이었다. 로크는 분명히 우리가 결코 이 실재적 본질을 알 수 없으리라고 생각했지만, 성질 없는 논리적 주체를 아는 것이 불가능한 것과 동일한 이유에서 그런 것은 아니다.

매캔(Edwin McCann)은 '로크의 물체 철학'에서 호소력 있는 해결책을 제시한다. 2권 23장에서 무속성 개체 설명을 지지하는 것처럼 보이는 구절에 주목하면서 매캔은 다음과 같이 썼다.

> 만약 우리가 이 구절들을 주의 깊게 읽는다면, 우리는 로크가 단지 우리의 실체 관념은 실체가 성질을 지지한다는 것 이상의 어떤 것도 그 안에 더 갖지 않는다고 말하고 있음을 발견한다. 이것으로부터 (만약 어떤 것이 부합한다면) 실체 관념에 부합하는 것이 무엇이든지 간에, 무속성 개체 학설이 요구하는 것인, 실체는 성질을 지지하는 것 이외의 다른 특성이나 특징을 전혀 가질 수 없다는 것으로 귀결되지는 않는다. 따라서 무속성 개체 학설을 로크의 것으로 추정할 필요는 없다. (매캔: 83)

매력적이기는 하지만 이 해결책은 약간 의심스러운 것 같으며, 실재적 본질 해결책이 의심스러운 이유와 동일한 종류의 이유이기 때문에 그렇다. 로크가 제2성질들을 조사하고 그것들이 의존하는 것을 묻고, 제1성질들이라는 답을 얻고, 그것들이 의존하는 것을 묻고, 우리는 더 그럴듯한 후보자가 없는 후퇴에 빠진다. 에이어스의 대답은 로크가 이 구절에서 말하고 있는 것은 단지 거대한 크기를 가진 대상의 연장과 충전성이라는 것이다. 그러나 매키가 언급하듯이 설령 이것이 사실이라 하더라도, 로크가 그렇게 말하지 않았다는 것은 유감스러운 일이다. 근대 물리학이 전하(electric charge)와 정지 질량(resting mass)처럼 공간을 차지하는 성질에 호소함으로써 '내가 무엇인지 모르는 것'으로 이끄는 후퇴를 정지시키리라는 것은 아주 명백한 것처럼 보인다. 이 성질들은 다음에는 충전성과 다른 제1성질들을 분명하게 할 것이다. 그러나 로크는 만족스러운 방식으로 후퇴를 정지시킬 어떤 것이 있다고 시사하지 않는다. 이것이 만델바움/에이어스 테제와 매캔 테제에 똑같이 적용되는 문제다. 『로크가 제기한 문제들』에서 매키는 로크가 논리적 주체에 대한 언어학적 논증을 수용했음을 강하게 시사하는 로크-스틸링플릿 서신에 나오는 구절을 강조한다(매키: 78-82). 그러나 매키가 지적하듯이 그 논증은 훌륭한 것이 아니다. 로크는 만델바움과 에이어스가 제안한 해결책이나 매캔이 제안한 해결책을 채택했어야 했다.

질문

28. '기체'라는 용어는 함께 응집하는 특성들이라는 실체 개념에 무엇을 첨가하는가?
29. 실체 개념의 실재적 본질(만델바움/에이어스 테제)은 논리적 주체 개념과 어떻게 다른가?

공간, 시간, 수와 무한성

로크는 8장부터 17장까지 물리적 물체의 본성과 밀접하게 관련된 쟁점을 다룬다. 로크는 공간, 시간, 수와 무한성 모두 마음이 감각에서 유래한 단순 관념으로부터 형성한 관념들이라고 주장한다. 각각의 경우에 일단 우리가 단순 관념을 가지면 동일한 단위를 반복해서 단순 양태를 형성할 수 있다. 따라서 우리는 시각과 촉각에 의해, 그리고 특별히 "서로 색깔이 다른 물체들 사이의 거리나 같은 물체의 부분들 사이의 거리"(2. 13. 2. 13-14.: 167)를 고려함으로써 공간 관념을 얻는다. 각각의 서로 다른 거리는 공간의 서로 다른 변양이며, 각각 서로 다른 상응 관념은 관념의 서로 다른 단순 양태다. 우리는 이미 13장의 내용 중 많은 것을 앞에서 고찰했으므로 시간으로 주제를 바꿔보자.

로크는 시간과 영원 관념은 난해하고 우리를 당혹케 하는 것으로 여겨져 왔다고 말한다. 그러나 그는 "나는 모든 우리 지식의 원천인 **감각과 반성** 중 하나가 우리에게 이것들에 대해 훨씬 덜 불분명하다고 생각되는 다른 많은 관념만큼이나 뚜렷하고 구별되는 이 **관념들**을 마련해 줄 수 있으리라는 것을 의심하지 않는다"(2. 14. 2. 21-24.: 181)라고 주장하면서 그가 공간에 적용했던 것과 동일한 종류의 절차를 이 관념에 적용할 것을 제안한다. 그는 연속 관념을 바짝 정신 차린 상태에서 끊임없이 서로 연속되는 일련의 관념들까지 추적한다. 이 관념 연속에 관한 숙고는 우리에게 연속 개념을 가져다주며, 그 연속의 임의의 두 부분 사이의 거리는 우리에게 지속 관념을 가져다준다. 로크는 관념들의 연속과 운동을 구별하고, 지속 관념을 우리에게 가져다주는 것은 운동이 아니라 관념들의 연속이라고 주장한다. 공간에서와 마찬가지로 일단 우리가 지속 관념을 가지면, 그것은 우리에게 시간 관념을 주어서 (2. 14. 17.: 187) 우리는 부분들 사이의 거리를 잴 수 있다. 공간과 시간 사이에 반유비(disanalogy)가 있다는 로크의 주장은 참이다. 공간의 부분들은 동시에 존재하지만 시간의 부분들은 그렇지 않다는 점에서 공간과 시간은 서로 다르지만, 이것이 지속의 측정을 특별히 방해하지는 않는다고 판명된다. 우리가 공간 관념을 무한하게 확장할 수 있는 것과 마찬가지로 우리는 영원 관념을 얻기 위해 지속으로 똑같은 일을 할 수 있다.

이 시점까지 우리는 혼합 양태와 관계를 다루는 2권의 여러 장을 검토하지 않았다. 우리는 관계에 관한 고찰을 이번 장에서 '관계와 도덕적 관계'를 다루는 절까지 미루려 하며, 혼합 양태에 대해서는 3권을 살펴보는 과정에서 다루게 될 것이다. 우리는 다음에서 힘, 의욕과 자유, 인격 동일성과 도덕에 관한 로크의 설명으로 화제를 바꾸고자 한다.

힘, 의욕과 자유

다음 두 절에서 우리는 의욕, 인격 동일성, 도덕에 관한 로크의 설명을 검토할 것이다. 『인간지성론』의 이 장들은 인격에 관한 견해, 그리고 사람들이 행복한 삶을 영위하기 위해서 어떻게 하는지에 관한 견해를 함께 형성하기에 적합하다. 이 견해는 『인간지성론』 4권의 이성적 종교에 관한 로크의 설명을 지지하며, 이 장들은 본질적으로 그 자체로 아주 흥미롭다.

『인간지성론』에서 가장 많은 분량을 차지하는 23장 「힘」은 여러 가지 이유에서 중요하다. 첫째로, 이 장은 물리적 대상의 내재적 특성, 공간과 시간에서부터 인과성 또는 물리적 대상들이 서로 영향을 미치는 방식에 관한 논의로 우리를 인도한다. 이와 유사하게 이 장은 마음에 관해서는 우리를 관념의 수용과 구성으로부터 의욕과 행동으로 안내한다. 자유의지와 결정론, 우리가 행동을 선하다거나 악하다고 평가하는 것에 관한 로크의 논의를 볼 수 있는 것은 이 문맥에서다.

자유의지와 결정론에 관한 논쟁이 이 기간에 신학적 영역과 과학적 영역 양쪽 모두에서 발생했다는 것은 주목할 가치가 있다. 자유의지는 가톨릭의 교리였다. 프로테스탄트 개혁자들인 루터와 칼뱅은 신의 결정론과 예정설을 지지해 자유의지를 거부했다. 만약 우리가 전능을 신의 특성 가운데 하나라고 여긴다면, 이것이 어떻게 창조된 세계에 관한 완전한 결정론으로 귀결되는지 쉽게 알 수 있다. 홉스는 신학적 결정론 자인 동시에 과학적 결정론자였다. 프로테스탄트 교회로 상정되었던 국교회는 1654년 브램홀(Bramhall) 주교와 홉스가 교환한 서신이 (저 자의 허락 없이) 출판되기 10년 전쯤 자유의지에 찬성하여 루터주의와 칼뱅주의의 결정론을 포기했다. 홉스가 자기 입장을 옹호하기 위해 제 시한 의견 가운데 하나는 프로테스탄트 지도자들인 루터와 칼뱅이 결 정론자였다는 것이다. 브램홀이 이 주장을 거부한 것은 아주 그럴듯하 지 않다. 홉스가 갈릴레오의 저작에서 그가 결정론자라는 함축을 끌어 냈을 때도 마찬가지로 주목할 만했다[홉스의 결정론에 관한 자세한 설 명은 오버호프(Jürgen Oberhoff)의 훌륭한 책『홉스의 의지론』 (Hobbes's Theory of the Will) 참조]. 이 모든 것에서 알 수 있는 사실은 이미 판명되었듯이 로크는 결정론자이긴 하지만, 우리는 이 사실을 근 거로 그가 자유의지에 관한 종교적 교리에 반대하는 과학적 결정론자 였다고 추측해서는 안 된다는 것이다. 야페(Gideon Yaffe)는 로크의 자유로운 행위자 설명에 관한 훌륭한 연구서인 『이름의 가치가 있는 자유』(Liberty Worth the Name)에서 로크가 사실상 신학적 결정론의 한 형태에 동의했다고 주장한다(야페, 6-8).

능동적인 힘과 수동적인 힘

로크는 우리가 **힘** 관념을 어떻게 얻는지 설명함으로써 시작한다(2. 21. 1. 10-22.: 233 참조). 이 구절은 많은 것을 시사한다. 첫째, 우리는 변 화에서 질서를 관찰한다. 많은 경우에 우리는 불이 금을 녹이는 것을 관찰한다. 우리는 미래에도 같은 일이 일어나리라고 결론 내린다. 이것 은 우리가 귀납적 추론이라고 부르게 되는 것에 해당한다. 즉 우리는 미래가 과거와 관련된 방식으로 유사하리라고 기대한다. 마찬가지로 우리는 불이 금을 녹이는 인과적 힘을 갖고 있으며, 금에는 녹는 힘이 있다고 생각한다. 이것은 물질에는 능동적인 힘과 수동적인 힘 둘 다 있음을 시사한다. 하지만 로크는 더 면밀하게 조사해보면 우리는 신은 모든 능동적 힘을 갖고 있지만, 물질은 단지 수동적인 힘을 갖는다고 결론 내릴지도 모른다고 생각한다. 둘 다 함께 발견하기 위해서는 창조된 정신을 살펴보는 것이 최적의 방법이다. 우리는 자기 마음으로부터 능동적인 힘에 관한 가장 뚜렷한 관념을 얻는다. 로크는 "우리는 운동의 시작에 관한 **관념**을 오직 우리 자신 안에서 발생하는 것에 관한 반성에서 갖는다. 우리는 우리 자신 안에서 경험에 의해 우리가 단지 의지를 발동함으로써, 단지 마음의 생각에 의해, 이전에는 정지 상태에 있었던 우리 육체 부분을 움직일 수 있다는 것을 발견한다"(2. 21. 4. 30-33.: 235)라고 썼다.

로크는 이제 힘에 관해 설명하면서 의지, 자발적인 행동과 비자발적인 행동에 관한 일련의 정의를 제시한다. 의지는 "단지 이런저런 특정 행동을 하라거나 하지 말라거나 지시하거나 명령하는 마음의 생각 또는 선호에 의해 행사되는, 우리 마음의 여러 행동과 우리 육체의 운동을 시작하거나 억제하거나, 지속하거나 중지하는 **힘**"(2. 21. 5. 7-11.: 236)이다. 그다음에 로크는 '자발적인'과 '비자발적인'이라는 용어를 정의한다. '자발적인'은 "어떤 특정 행위나 그것의 금지를 지시하는" 의지의 실제적인 행사다. 비자발적인 것은 마음으로부터 그러한 생각이나 명령이 없이 그런 행동을 수행하는 것이다.

로크는 지각과 의지의 힘은 종종 능력이라는 이름으로 불리기도 한다고 썼다. 그는 우리가 낱말을 적절하게 사용한다면 문제가 없다고 생각한다. 하지만 '능력'이라는 용어를 불확실하게 사용하는 경우가 있

다. 예컨대 우리가 의지가 명령을 내릴 수 있다고 말할 때가 그런 경우
다(2. 21. 6. 10-15.: 237 참조). 능력을 행위자로 여기거나 우리 안의
난쟁이가 작용하는 것처럼 말하는 것은 문제가 된다.

질문

30. 로크는 능동적인 힘과 수동적인 힘을 어떻게 구별하는가?
31. 능력을 행위자로 여기는 것에는 어떤 문제가 있는가?
32. 자발적인 행동과 비자발적인 행동에 관한 로크의 정의는 무엇인
    가?

로크는 우리가 자신의 행동에 대한 힘의 범위를 고찰하는 것으로부터
자유와 필연성 개념을 이끌어낼 수 있다고 생각한다. 8절에서 로크는
자유로움과 자유롭지 않음을 정의한다(2. 21. 8. 21-28.: 237 참조).

   그다음에 로크는 "**자유**는 생각이 없거나 의욕이 없거나 의지가 없는
경우에는 있을 수 없다. 그러나 **자유**가 없는 경우에도 생각은 있을 수
있고, 의지는 있을 수 있으며, 의욕은 있을 수 있다"(2. 21. 8. 2-4.:
238)는 것을 보여주기 위해서 일련의 경우를 되짚어본다. 첫 번째는
생각하지 않으며, 따라서 의욕이 없으므로 운동이나 정지가 둘 다 필
연적인 테니스공의 경우다. 그다음은 다리에서 물로 떨어지는 사람은
의욕을 갖고 있지만, 떨어지지 않으려고 해도 떨어지는 것을 막을 힘
이 없기 때문에 자유로운 행위자는 아니라고 할 수 있는 경우다. 따라
서 이 경우에 떨어지지 않으려는 의욕과 그를 자유로운 행위자가 되게
하는 그의 신체 운동 사이에 올바른 인과적 연관성은 없다. 마찬가지
로, 정지시킬 힘이 없으며 그의 생각이나 의욕이 막을 수 없는 팔의 강
제적 운동에 의해 자신이나 친구를 때리는 사람은 자유로운 행위자가

아니다.

다음 경우는 2권 21장 10절(22-32.: 238)에 나온다. 자유는 의욕을 수행하거나 그것을 따르지 않으려는 힘에서 온다. 로크는 그렇게 명확하게 말하고 있지는 않지만, 의욕의 자유에 관한 물음을 가장 중요하게 다루는 의지의 자유 학설을 공격하고 있다. 로크는 단순히 의욕을 가짐은 자유의 필요조건이지만 충분조건은 아니므로, 이렇게 의욕을 강조하는 것은 잘못이라고 생각한다. 의욕을 가짐과 그것을 수행할 (또는 수행하지 않을) 힘을 가짐은 공히 자유의 충분조건이다. 이 조건들에 관한 더 자세하고 정확한 설명은 야페(14-15)를 참조하라.

자유의지 분석

이제 로크는 의지의 자유 학설로 화제를 돌린다. 그는 의지의 자유를 부인한다. 로크는 행동의 자유는 자유로운 행위자를 설명하기에 충분하지 않다고 생각한다. 어떤 추가 요소가 필요하다(야페: 19-21: 27 참조). 의지의 자유 학설은 추가 요소가 무엇이 될지에 관한 하나의 가능한 설명을 의미한다. 그러나 로크는 아주 다른 종류의 설명에 찬성하여 의지의 자유에 관한 서로 다른 두 가지 해석을 거부한다.

로크는 용어의 의미를 명료하게 하고 용어들의 관계를 고찰함으로써 많은 혼동을 피할 수 있다고 생각한다. 그는 의지가 자유로운지를 묻는 것은 사리에 맞지 않는다고 주장한다. 의지를 하나의 실질적 존재 또는 난쟁이로 다루는 것에 대해 그가 앞에서 제시한 반대 의견이 효력을 갖는 곳이 바로 이 부분에서다. 그는 18-20절에서 이 점을 상세히 말한다. 난쟁이 또는 실질적 존재로서 이해된 능력과 관련된 문제는 그것을 설명이라고 제시하면 아무것도 설명하지 못한다고 판명된다는 것이다.

의지는 하나의 능력이며, 그것은 단지 하나의 힘을 뜻한다. 자유 또한 하나의 힘이다. 따라서 의지에 자유가 있다고 생각할 때 우리는 힘에 힘이 있다고 생각하는 것이다. 그러나 이것은 덕이 사각형인지 아닌지 묻는 것만큼이나 사리에 맞지 않는다. 그것은 라일(Gilbert Ryle)이 『마음의 개념』(The Concept of Mind)에서 범주 착오(category mistake)라고 불렀던 종류의 실수다(라일: 16-17). 행위자, 실체만 그것에 있다고 생각되는 힘을 가질 수 있다. 따라서 의지의 자유가 아니라 자유로운 행위자가 있을 수 있다.

하지만 특별한 경우에 어떤 일이 발생하는가? 로크는 2권 21장 29절 (3-16.: 249)에서 대답한다. 앞에 나왔던 구절과 더불어 이 구절은 로크가 의욕이라고 부르는 것에 관해서 결정론자임을 시사한다. 의욕은 유발되는 것이기 때문이다. 그리고 그는 자유로운 행동을 믿으므로 엄격한 결정론자라기보다는 양립론자임을 시사한다. 자유로운 행동은 우리가 원하는 것을 하지 못하게 하는 어떤 물리적 강제가 없이 그것을 할 수 있음을 뜻한다.

자유의지론자들은 자유의지에서 핵심적인 요소는 달리 할 수 있음―우리에게 제시되는 대안들 가운데 어느 것이라도 선택할 수 있음―이라고 주장한다. 그들은 결정론은 우리가 달리 할 수 없음을 함축한다고 주장한다. 양립론자들은 때때로 달리 할 수 있음에 관한 설명을 제시한다. 로크는 이런 식으로 설명에 이름을 붙이지는 않았지만 그런 설명을 하는 것처럼 보인다. 그의 설명의 첫 단계는 어떤 특정한 순간에 의지가 고려하고 있는 여하한 행동을 수행할 힘을 우리가 갖고 있는 한 우리는 자유롭다고 말하는 것이다.

로크는 의지의 자유에 관한 쟁점의 핵심은 의지 자체가 결정되는지 그렇지 않은지에 관한 물음이라고 계속해서 주장한다. 그의 대답은 여러 단계에서 나온다. 첫째로, 그는 "의지 작용이나 **의욕**은 하나의 행동이고, 자유란 행동하거나 행동하지 않을 힘에 있으므로, **일단 한 사람의 힘 안에 있는 어떤 행동이 곧장 행해질 수 있는 것으로 생각이 들면 이 사람은 의지 작용이나 의욕의 행동에 관하여 자유로울 수 없다**"(2. 21. 23. 8-11.: 245)라고 주장한다. 요점은 일단 행동이 제시되면 우리는 행동을 수행하거나 수행하지 않거나를 선택해야 한다는 것이다. 그에게는 어떤 것에 의지를 작동시켜야 할지에 대한 선택권이 없다. 그리고 선택권이 없음은 그가 자유롭지 않음을 뜻한다.

다음 물음은 "**사람은 운동이나 정지 중에서 그가 원하는 것에 의지를 작동시킬 자유를 갖고 있는가**"(2. 21. 25. 3-4.: 247)이다. 로크는 그 물음이 터무니없다고 주장하고, 2권 21장 25절(4-12.: 247)에서 그 이유를 제시한다. 여기서 요점은 의욕이 '행동의 시초'이므로, 만약 당신이 행동을 일으키는 하나의 행동 시초가 있는지 없는지 묻는다면 당신은 무한 후퇴에 빠질 수 있다는 것이다. 로크의 성숙한 이론에서 의욕은 다른 의욕에 의해 유발되는 것이 아니라, 욕구 또는 욕구와 결합된 불편함에 의해 유발된다(2. 21. 29. 3-16.: 249). 그래서 의욕은 능동적인 힘과 수동적인 힘을 둘 다 갖는다. 어떤 것이 능동적인 힘과 수동적인 힘을 모두 가질 수 있다는 것이 자유로운 행위자에 관한 로크의 설명에서 핵심적이며, 마찬가지로 그는 그 어떤 것을 명시적으로 인정하지 않는다(야폐: 84-5 참조). 따라서 로크는 결정론자이며 양립론자다. 양립론자는 막대기, 쇠사슬, 또는 우리가 원하는 것을 하지 못하게 막는 경찰관 같은 물리적 강제가 없을 때 우리의 행동은 자유롭다고 믿는다. 그러나 우리가 위에서 알아차렸듯이 로크는 자유로운 행동에 관한 이 설명이 전적으로 만족스럽다고 여기지 않는다. 추가 요소가 필요하며, 어떤 그럴듯한 해석에서도 그 요소는 자유의지가 아니다. 그렇다면 그것은 무엇인가?

도덕적 결정론

로크는 이제 도덕적 결정론과 관련된 일련의 물음을 다룬다. 도덕적 결정론을 특징 짓는 한 가지 방법은 우리가 어떤 행동이 더 큰 이익을 향하는 경향이 있다는 것을 안다면 항상 그 행동을 선택하리라는 것이다. 플라톤은 도덕적 결정론의 옹호자였으며, 대화편 『메논』(*Meno*)에서 모든 사람은 선을 추구하며, 따라서 선을 추구하는 것이 덕이 없는 사람과 덕이 있는 사람을 구별하는 기준이 될 수 없다고 주장했다. 플라톤의 이 견해는 덕을 갖추거나 탁월함을 얻는 것이 지식의 문제가 된다는 의미에서 순전히 인지적이다. 우리는 선한 것처럼 보이지만 사실상 선하지 않은 것을 선한 것으로 착각하기 때문에 선에 도달하려는 노력이 실패할 수도 있다.

로크 자신은 『인간지성론』 초판에서 이런 종류의 도덕적 결정론을 받아들였다(야페: 32-39). 하지만 그는 2판에서 인지적 요소와 함께 의욕을 나타내거나 정서적 요소를 포함하도록 그것을 대폭 수정했다. 정서적 요소는 만족과 불편함으로 대표된다. 이 두 가지 중에서 불편함이 더 중요하게 여겨지는 경향이 있다. 우리는 항상 고통을 제거하기를 원하기 때문에 불편함은 동기를 부여한다. 인지적 요소는 그러한 행동이 선하거나 악하다고 결정하는 것이다.

이 두 요소는 충돌할 수 있으며, 수정된 로크의 이론에서 그것들이 충돌할 때 정서적이거나 동기부여적 요소가 우선한다. 이것은 의지의 약함 또는 아크라시아(akrasia: 의지 박약)를 포함하는 전형적인 반례들을 해결한다. 우리가 명백히 알면서도 어떤 일을 하는 경우가 거기에 해당한다. 예컨대 술고래는 결국 술이 건강과 삶의 질을 망치리라는 것을 알지만, 습관과 습관이 일으키는 욕구에 의해 야기되는 불편함 때문에 다시 술을 마시게 된다는 것이다. 마찬가지로, 그는 긴 안목으로 보아 최대 행복이 실제로 우리의 행동을 결정하는 것이라면, 구원에 대한 욕구가 보편적으로 효력이 있으리라고 생각하지만, 그렇지 않다. 로크가 수정된 이론이 우월하다고 생각하는 것은 주로 원래의 이론은 설명할 수 없지만 수정된 이론은 이러한 종류의 경우들을 설명할 수 있기 때문이다. 이론에서 정서적 요소와 인지적 요소가 서로 어떻게 관련되는지 고찰해보자.

로크는 2권 21장 45절(27-5.: 261-2)에서 멀리 떨어진 부재하는 선에 대비하여 불편함의 상대적인 동기부여의 힘에 관해 말한다. 이 구절은 중요하지만 멀리 떨어져 있고 부재하는 선을 위한 여지가 거의 없다는 인상을 남길지도 모른다. 이것은 확실히 사실이 아니다. 선과 악에 대한 관조나 결정은 행동에 동기를 부여하는 데 어떤 역할을 하는가? 불편함, 욕구, 선과 관련된 세 단계 과정이 있어 보인다. 우리는 어떤 것은 우리가 바라지 않아도 좋다는 것을 이해할 수 있다. 그리고 만약 우리가 그것을 바라지 않는다면, 우리에게 동기를 부여하는 불편함은 없을 것이다. 그러나 우리가 현재의 선과 악을 관조하고 있을 때, 이것들은 공존한다. 우리는 좋은 것을 보고, 그것에 대한 욕구를 느끼며, 그 욕구는 좋은 것의 결핍으로부터 동기를 부여하는 불편함을 야기한다. 이 세 가지 요소는 분리되는 경향이 있으며, 따라서 우리가 더 멀리 떨어져 있고 부재하는 선을 다루기 시작함에 따라 우리에게 동기를 부여하기를 멈춘다(2. 21. 45. 5-21.: 262 참조).

궁극적으로 우리가 행동하도록 결정하는 것은 행복의 추구와 불행의 회피다. 우리는 주로 우리의 자연적인 욕구와 채택된 욕구에 의해 결정되지만, 관조와 검토는 우리 안에 더 멀리 떨어진 선에 대한 욕구, 욕구에 수반하여 일어나는 불편함을 활발하게 함으로써 우리가 더 멀리 떨어진 선을 추구하게 할 수 있다. 로크는 이런 종류의 검토를 할 가치가

현저하게 있다고 생각한다. 사실상 이런 종류의 검토에 참여하는 과정
이 우리를 자유롭게 한다. 로크는 우리가 택할 수 있는 다양한 유형의
행동을 관조하고 그 가운데 어떤 행동이 우리의 행복에 가장 도움이 되
는지를 결정하기 위해 행동을 유보할 수 있는 힘을 가지고 있다고 주장
한다. 그리고 바로 여기서 우리는 자유—가능한 행동 가운데 어떤 것
이 우리의 행복과 불행의 회피에 가장 도움이 되는지를 세심하게 검토
하고 탐구함으로써 결정하려고 시도하는 능력(2. 21. 47. 12-4.: 263-4
참조)—를 대부분 구성하는 것을 갖는다고 생각한다.

만약 우리가 좋은 것에 관한 자신의 통찰력에 의해 결정된다면 우리
는 자유롭지 않다고 주장할지도 모른다. 로크는 동의하지 않는다. 그는
이런 종류의 공정한 검토는 "**자유**의 제한이나 감소와는 거리가 멀다.
이것은 자유의 증진이자 이점이며, 자유의 축소가 아닌 **자유**의 목적이
자 선용이다. 우리가 그러한 결정에서 멀어지면 멀어질수록, 우리는 불
행과 노예 상태에 점점 가깝게 된다"(2. 21. 48. 5-9.: 264)라고 말한
다. 사실상 이런 식으로 결정되지 않는 것은 불완전함일 것이다. 만약
우리가 "완전한 행복을 누리는 우리보다 우월한 존재들을 살펴본다면,
우리는 이들이 **선의 선택에서 우리보다 더욱 변함없이 결정된다**고 판
단할 근거를 발견할 것이다. 그러나 우리는 그들이 우리보다 덜 행복하
거나 덜 자유롭다고 생각할 이유가 없다." 그리고 로크는 신도 역시 선
한 것에 의해 결정되어야 하지만, 그의 자유는 그것으로 인해 감소하지
않는다고 생각한다. 아마도 신은 진정으로 선한 것을 결정할 때 어려움
이 전혀 없을 것이다. 반면에 우리에게 합리적 검토, 자유와 행복 추구
는 공존한다. 따라서 양립론자의 자유로운 행동은 하나의 완전함을 나
타낸다. 자유로운 행위자에 관한 로크의 설명을 완성하는 것은 선에 의
해 결정되는 두 번째 완전함이다(2. 21. 30. 251-54쪽 밑에 있는 초판

변형 참조). 『인간지성론』에서 예시된 종류의 탐구는 최선의 것, 따라서 인간의 자유와 행복을 위한 것을 발견하는 열쇠다.

그러고 나서 우리가 행동을 유보하기 위해 우리의 힘을 사용할 자유가 있는지에 대한 의문이 생긴다. 로크가 다른 모든 행동처럼 이 행동이 같은 방식으로 결정된다고 주장하지 않으리라고 생각할 이유는 거의 없다. 중요한 것은 우리가 교육과 습관을 통해 그러한 상황에서 검토를 실행하라고 자신을 설득할 수 있고, 따라서 진정으로 행복할 수 있는 기회를 활용할 수 있다는 것이다.

질문

33. 자유의지 학설에 대한 로크의 반대 견해는 무엇인가?
34. 의욕이 능동적인 힘과 수동적인 힘을 둘 다 가지고 있다는 것이 로크의 입장에서 핵심적인 이유는 무엇인가?
35. 도덕적 결정론이란 무엇이며, 로크는 의지의 약함을 근거로 한 반례에 대해서 그것을 어떻게 방어하는가?
36. 로크가 결정론자라고 인정한다면, 자유에 관한 그의 설명은 어떤 것이며, 그것은 어떻게 그의 결정론에 부합되는가?

인격 동일성과 도덕적 관계

「동일성과 상이성」 장에서 동일성과 인격 동일성에 관한 로크의 설명은 혁명적이고 유명하며 영향력이 있다. 로크는 동일성과 개체화에 관한 일반적인 이론을 제시하고, 이 이론을 인격 동일성에 관한 그의 견해를 설명하기 위해 사용한다. 물질 덩어리와 생명체의 동일성의 구별에 관한 논의는 인간과 인격, 인격과 영혼, 또는 귀에 거슬리는 로크의 구절에 나오는, 우리 안에서 생각하는 실체를 로크가 구별하기 원하는 것에 대한 유비를 제공한다.

개체화와 동일성

1-3절에서 로크는 같은 종류의 두 사물이 동시에 같은 장소에 있을 수 없다는 개체화의 원리를 설명한다. 이로부터 로크는 "한 사물은 두 개의 존재 출발점을 가질 수 없고, 두 사물은 하나의 존재 출발점을 가질 수 없다"는 것이 귀결된다고 생각한다. 우리는 단지 세 종류의 실체 관념을 가지고 있다고 그는 말한다. (1) 신, (2) 유한한 지적 존재, (3) 물체.

3절에서 그는 원자와 원자 덩어리에 이 원리를 적용하고 나서 물질 덩어리와 생명체를 구별한다. 원자 덩어리나 물체는 그도 역시 그렇게 부르듯이 그것이 동일한 원자들로 구성되어 있는 한 동일하며, "그러한 원자들은 한데 결합하여 존재하는 동안에는, 같은 원자로 이루어진 덩어리는 그 부분이 아무리 다르게 뒤섞인다 해도 같은 덩어리나 같은 물체가 틀림없다. 그러나 이 원자 중 어느 하나가 제거되거나 새로운 원자 하나가 추가된다면, 그것은 더 이상 같은 덩어리거나 같은 물체가 아니다."(2. 27. 3. 16-20.: 330) 그는 즉시 물질 덩어리와 생명체를 대조한다.

> 살아 있는 피조물의 상태에서는 그 동일성은 같은 입자 덩어리에 의존하는 것이 아니라 다른 어떤 것에 의존한다. 피조물에서는 물질의 커다란 부분의 변화가 동일성을 변경시키지 않기 때문이다. 묘목이 큰 나무로 성장하여 그 가지가 잘린 떡갈나무는 여전히 같은 떡갈나무이고, 망아지가 말로 성장하여 어느 때는 살이 찌고 어느 때는 마르더라도 줄곧 같은 말이다. 그러나 이 두 경우에서 모든 부분들의 명백한 변화가 있을 것이다. 따라서 실제로는

3장 본문 읽기   103

그 어느 쪽도 같은 물질 덩어리가 아니다. 그러나 그것들 중 하나는 참으로 같은 떡갈나무이고, 다른 하나는 같은 말이다. 그 이유는 물질의 덩어리와 생명체라는 두 가지 경우에서 **동일성**은 같은 사물에 적용되지 않기 때문이다. (2. 27. 3. 20-31. : 330)

로크가 물질 덩어리의 동일성과 생명체의 동일성을 이렇게 두드러지게 구별하는 것은 그의 정체성과 개체화 이론에 대해 즉각적이고 심각한 문제를 일으킨다. 만약 원자가 물체이고 원자 덩어리도 물체라면, 그것들은 분명히 로크의 세 번째 실체 범주인 물체에 속한다. 그러나 만약 떡갈나무나 말이 특정한 시간에 그것을 구성하는 덩어리와 구별된다면, 우리는 그것을 어떤 범주로 지정해야 할까? 만약 우리가 말은 물체지만 그것을 구성하는 덩어리와는 구별된다고 말한다면, 우리는 동시에 같은 장소에서 같은 종류의 두 사물을 갖는 것이다. 따라서 우리는 로크가 공언한 개체화 원리를 즉각 위반하게 된다. 내가 상상하기에 우리는 아마도 그것들이 다른 종류의 물체라고 말할지도 모른다. 하지만 로크는 우리에게 세 종류의 실체 이외에 단순하고 복합적인 실체가 있다고 말하는 반면에, 우리에게 모순을 해결하도록 허용할 특성을 가진 여하한 다른 종류의 물체가 있다고 명백하게 말하지 않는다. 만약 이와 반대로 우리가 떡갈나무와 말이 물체가 아니라고 말한다면, 그것들은 무엇인가? 확실히 그것들이 신은 아니다! 그러면 유한한 지적 존재의 범주만 남는다. 누군가는 유한한 지적 존재가 영혼이라고 생각했을지도 모른다. 그러나 설령 그것이 옳다 해도, 이것이 떡갈나무나 말에 적당한 범주는 아니다. 그렇다면 만약 우리가 떡갈나무와 말이 결코 실체가 될 수 없다는 결론을 내린다면, 로크의 존재론에서 이용할 수 있는 유일한 대안은 양태와 관계다. 그러나 만약 떡갈나무와 말이 혼합 양태라고 가정하면, 우리는 로크가 『인간지성론』의 다른 부분에서 일정하게 식물과 동물을 실체로 취급한다는 사실에 직면하게 된다.

따라서 이 해결책은 우리를 이 장의 문제에서 벗어나게 할 수도 있지만, 2권 27장과 『인간지성론』의 나머지 부분 사이에 로크의 용어법은 일관성이 없는 것이 될 것이다. 여전히 우리가 시도할 수도 있는 다른 전략들이 있다. 우리는 로크가 단순 실체와 복합 실체를 구별한 것을 들어서 물질 덩어리는 단순 실체이고, 떡갈나무와 말은 복합 실체라고 주장할 수도 있다. 하지만 이것은 직관에 반하는 것으로 보인다. 확실히 원자는 단순 실체이고 원자 덩어리는 복합 실체다. 입자의 집합에 관해서 단순한 것은 무엇인가? 따라서 이 전략에도 문제가 있다. 아니면 우리는 세 가지 범주의 실체만 있다는 주장을 진지하게 여기지 않기로 결정할 수도 있다. 그러나 그렇다면 로크는 우리에게 같은 종류에 속한다는 것이 무엇을 의미하는지 명확하게 설명하지 않았고, 이 문제에 대한 어떤 인식도 보여주지 않았다. 숙고할 만한 타당한 가치가 있는 수수께끼가 여기에 있다(우즈갈리스, 1990 참조).

4절에서 로크는 생명체는 그 기능적 조직에 의해 개체화되며, 이 조직의 목적은 주어진 시간에 그것을 구성하는 물질의 변화를 통해서 동일한 생명을 보전하는 것임을 분명히 한다. 5절에서 그는 시간을 가로지르는 동물의 개체화와 동일성에 관한 본질적으로 같은 분석을 제시한다. 6절에서는 이 분석을 인간의 정의에 적용한다. 그는 "**인간**은 끊임없이 바뀌는 물질 입자가 같은 조직의 육체로 계속해서 생명력 있게 결합됨으로써 같은 지속적인 생명에 참여하는 것 이외에 다른 것이 아니다"(2. 27. 6. 35-2.: 331-2)라고 썼다. 로크는 경쟁하는 다양한 설명들의 결함에 주목함으로써 인간의 동일성에 관한 이 설명에 대한 찬성론을 계속 주장한다.

　　다음 구절에서 로크는 경쟁하는 어떤 설명에 반대해서 인간이 무엇인지에 관한 그의 특별한 설명에 대한 찬성론을 주장하고 있다.

　　8. 동물은 살아 있는 유기체다. 따라서 같은 동물이란 우리가 관찰한 바와 같이 서로 다른 물질 입자가 그 살아 있는 유기체에 연속적으로 우연히 결합하게 될 때, 이 물질 입자로 전달되는 것 같은 지속적 생명이다. 또 그 밖의 다른 정의에 대해서 어떤 말을 하더라도, 순수한 관찰은 다음과 같은 사실을 의심할 수 없게 만든다. 즉 우리의 입에서 나오는 **인간**이라는 음을 그 기호로 갖는 우리의 마음에 있는 관념은 어떤 형상을 가진 동물의 관념 이외에 다른 것이 아니다. 나는 확신해도 좋으리라고 생각하는데, 누구라도 자기 자신의 모습과 체격을 가진 피조물을 본다면 그의 전 생애를 통해서 **고양이**나 **앵무새**보다 뛰어난 이성을 갖지 못한다고 해도 여전히 그를 **인간**이라고 부를 것이다. 또는 누구라도 **고양이**나 **앵무새**가 이야기하고 추리하며 철학을 하는 것을 듣는다고 할지라도 그것을 단지 **고양이**나 **앵무새**라고 부르거나 생각할 것이다. 그리고 그 사람은 우둔한 비이성적인 **인간**이고, 다른 것은 매우 지능이 높은 이성적인 **앵무새**라고 말할 것이다. (2. 27. 8. 35-12. : 332-3)

로크는 설령 다른 종의 피조물이 이성적이며 말하는 특성을 가지고 있다 해도 우리는 그것을 '인간'이라고 부르지 않을 것임을 보여주기 위해서 이성적이며 말하는 앵무새나 고양이와 마주치는 사고 실험을 사용한다. 따라서 여기서 로크가 반대론을 펴고 있는 '인간'의 정의는 인간이 이성적인 동물이라는 것이다. 이것은 8절 마지막 부분에서 아주 명확해진다.

인간과 인격

9절에서 로크는 인격의 정의를 제시한다. 그는 인격을 "이성을 갖고 반성을 하며, 자기 자신을 자기 자신이라고 간주할 수 있는 생각하는 지적 존재자로서, 각기 다른 시간과 장소에서 같은 생각을 하는 사물이다. 생각은, 생각과 분리될 수 없고 내게는 생각에 본질적이라고 생각되는 그 의식에 의해서만 행해진다. 그 이유는 어떤 사람이 그가 지각한다는 것을 지각하지 않은 채로 지각하는 일은 불가능하기 때문이다"(2. 27. 9. 10-16.: 335)라고 정의한다. '인간'의 정의에서 배제된 이성은 이제 여기 인격의 정의에서 적절한 자리를 찾는다는 점에 주목하라. 로크의 이성적이며 말하는 고양이나 앵무새는 인간은 아니라 하더라도 인격일 것으로 보인다. 이것은 로크가 종을 초월한(trans-species) 인격 개념을 기꺼이 받아들였을 수도 있음을 시사한다. 로크는 인간과 인격을 명확히 구분하고 있다. 예를 들어, '인간'은 한 종에만 한정되지만, '인격'은 그렇지 않다. 반성은 우리가 책임져야 할 행동을 일으키는 의욕을 자아와 결합하기 때문에, 로크의 자유로운 행위자 설명과 인격 동일성 설명을 연관시킬 때 이성만큼이나 중요하다고 판명된다. 자유로운 행위자와 인격 동일성은 우리가 한 행동에 관한 기억을 의식하는 것과 마찬가지로 우리가 의식하는 것이다.

　로크는 최후 심판의 날에 죽은 자들의 부활에 관한 염려로 인간과 인격을 구별하고 있다. 그는 다음과 같이 썼다.

　15. 이렇게 해서 우리는 부활할 때, 육체에서는 그가 여기서 가졌던 체격이나 재능과 정확히 동일하지 않지만, 그 육체에 거주하는 영혼에 수반하는 동일한 의식으로 말미암아 아무런 어려움 없이 동일한 인격을 생각할 수 있다. 그러나 육체의 변화 속에서 영혼만으로는, 이 영혼을 인간으로 여기는

사람을 제외하고는 어떤 사람도 영혼을 동일한 인간으로 여기기에 충분하지 않을 것이다. 어떤 왕자의 영혼이 그 왕자의 과거 삶에 대한 의식을 수반한 채 구두 수선공의 육체에 구두 수선공의 영혼이 떠나자마자 들어가서 거주한다고 한다면, 모든 사람은 그가 왕자와 동일한 인격으로서 왕자의 행동에만 책임을 진다고 보게 될 것이다. 그러나 누가 동일한 사람이라고 말하겠는가? 육체도 사람을 만드는 데 참여하는 것으로서, 내가 추측하기에는 이런 경우에 육체는 사람을 결정하는데 영혼은 그것에 관한 왕자의 모든 생각을 수반한다고 해도 다른 인간을 만들지 못할 것이다; 그러나 그는 그 자신 이외의 모든 사람에게 동일한 구두 수선공일 것이다. (2. 27. 15. 4-18.: 340)

왕자와 구두 수선공의 사례는 인격 동일성에 관한 문헌에서 최초의 난제로 종종 제시된다. 우리는 기억을 인격 동일성이나 육체의 동일함의 기준으로 삼아야 할까? 만약 그것들이 이 사례에서처럼 서로 경쟁하고 있다면, 우리는 어떤 것을 선택해야 할까? 이것은 분명 난제다. 하지만 로크는 분명히 그것을 난제 사례로 의도하지 않았다. 반대로, 그것은 최후의 심판에서 죽은 자의 부활에 관한 더 이전의 난제를 해결하는 것을 의미했다. 만약 죽은 사람이 부활할 때 이승에서와 똑같은 몸을 가져야 한다면, 이 난제는 부활할 때 인격이 어떤 몸을 가질 것인지와 관련이 있다. 이것을 해결하고자 할 때 부딪히는 난제들은 정신이 아찔해지는 것들이다. 인격의 일생에서 입자들이 모여야 하는 기간은 언제부터인가? 그 입자들은 죽음의 순간에 단순히 몸에서 와야 하는가? 아니면 그 인격이 죄를 짓고 있었던 동안에 와야 하는가? 다른 가능성도 있다. 로크는 이 쟁점에 관해 스틸링플릿 주교와 논쟁할 때 모든 문제를 아주 주의 깊게 검토한다(로크, 4권. 1823: 304-330). 그러나 이 모든 제안에 대해 반대하는 의견이 있다. 만약 한 인격이 식인종이고 다른 인격이 희생자인 경우에 일어날 수 있는 일과 마찬가지로, 한 사람의 몸에 속했던 입자들의 일부가 다른 사람의 몸에도 속했다고 가정하자. 둘 다에 속했던 입자는 누구의 것일까? 로크는 인격과 인간은 서로 다른 종류의 것이라고 주장함으로써, 어떤 행동을 했는지에 관한 의식이 보존되는 한, 그가 정확히 같은 몸을 가졌는지 아닌지는 별로 중요하지 않다고 여겼음을 시사한다. 그리하여 그는 죽은 자의 부활에 관한 이 난제를 해결한다. 여기에서 더 나아가 로크는 또 다른 구별을 제시한다.

질문

37. 로크의 개체화 원리는 무엇인가?
38. 물체 덩어리와 생명체가 개체화되는 방식의 차이는 무엇인가?
39. 로크의 '인간' 정의는 무엇이며, 그것은 그의 '동물' 정의와 어떻게 관련되는가?
40. 로크의 '인격' 정의는 무엇이며, 그는 인간과 인격을 어떻게 구별하는가?
41. 왕자와 구두 수선공의 예는 인간/인격의 구별을 어떻게 예증하며, 그것은 무엇을 설명하는가?

의식과 실체

로크의 '인격' 정의에서 또 다른 중요한 국면은 우리가 자신을 서로 다른 시간과 장소에서도 동일한 생각하는 존재자라고 아는 것이 의식에 의한 것이라는 점이다. 커드워스(Ralph Cudworth)가 1678년에 쓴 책 『우주의 참된 지적 체계』(*The True Intellectual System of the Universe*)

에서 영어 단어 '의식'에 관하여 광범위하게 철학적으로 다룬 것을 제
시한 것은 불과 얼마 전이었다. 로크의 의식 설명에 몇 가지 주목할 만
한 특징이 있다. 이 가운데 가장 눈에 띄는 것은 의식이 인격 동일성의
담지자로서 영혼을 대체하고 있다는 것이다.

　당대의 로크 비평가인 리(Henry Lee), 서전트(John Sergeant), 클라
크(Samuel Clarke), 라이프니츠, 후기 버클리, 버틀러(Joseph Butler),
리드(Thomas Reid)는 모두 로크가 인격 동일성의 담지자로서 실체를
의식으로 대체하는 것을 거부했다. 로크가 자신의 주장이 논란의 여지
가 많다는 사실을 예민하게 느끼고 있었다는 것은 분명해 보인다. 2권
27장에서 그는 인격 동일성의 담지자가 실체가 아니라 의식이라는 의
견에 광범위한 논의를 할애했다. 그것은 10절에서 시작하여 14절까지
계속된다. 로크는 16-19절에서 인격 동일성을 결정하는 것이 실체가
아니라 의식이라고 계속해서 주장한다. 23절에서는 실체는 멀리 떨어
진 존재들을 한 인격으로 통합할 수 없지만, 의식은 그렇게 할 수 있다
고 주장한다. 24절에서는 의식이 없는 실체는 자아의 일부가 아니라고
주장한다. 따라서 10절 이후 그 장의 대부분은 이 점과 관련이 있다. 우
리는 로크가 논쟁의 여지가 많은 이 구별을 하게 된 이유를 궁금해하는
것으로 시작해야 한다. 이에 대한 나의 대답은 로크의 관심사가 인식론
적이었다는 것이다. 어떤 특징이 우리가 인격 동일성에 관한 지식을 확
실하게 얻게 해주는가? 로크는 의식에 관한 의심이 실체보다 적다는
것을 아주 간단히 주장한다.

　9절에서 의식에 의해 인격 동일성에 관한 정의를 제시하는 일을 마
친 로크는 의식이 동일한 인격을 만들 뿐만 아니라 동일한 실체이기 때
문에 동일한 인격이 될 수 있는가라는 물음으로 10절을 시작한다(2.
27. 10. 29-10.: 335-6 참조). 로크의 대답은 그것이 반드시 동일한 실

체는 아니라는 것이다. 2권 1장 9-20절에서 했던 주장을 다시 시작하면서 데카르트와 데카르트주의자들을 명백하게 공격하는 것처럼 보인다. 로크는 계속해서 만약 의식이 방해받지 않는다면—기억과 생각의 일상적인 작용, 기억의 실패, 수면 등에 의해—우리는 "과거의 모든 행동의 전체적인 연쇄를 한순간에" 갖게 될 것이며, 만약 우리가 그런 연쇄를 한순간에 가진다면 우리가 동일한 생각하는 실체라는 것을 의심할 여지가 없으리라고 주장한다(2. 27. 10. 34-10.: 335-36 참조). 그러나 명백하게도 이러한 의식의 방해는 내 의식이 중단되는 동안 한 실체가 다른 실체로 대체될 수 있음을 시사한다.

한 실체가 다른 실체로 대체되는 것에 대한 이러한 의혹은 생명체와 인격의 유비에 의해 강화될 가능성이 있다. 생명체에 대한 분석에서 로크는 한 실체에서 다른 실체로 생명 이동이 가능할 뿐만 아니라 그런 일이 일상적으로 발생한다고 분명히 주장한다. 그는 10절에서 동물 동일성과 인간 동일성의 유비를 제시한다(2. 27. 10. 11-18.: 336 참조). 이것은 물질의 덩어리가 실체이자 물체이며, 이것이 로크가 식물과 동물의 동일성이 실체의 단일성에 의존하지 않는다고 말함으로써 의미하는 바라는 것을 뚜렷하게 확증한다. 그것은 또한 생명과 의식, 양배추와 왕의 유비를 명백하게 한다. 물론 사람의 몸은 생명체다. 그리고 이것은 중요한 방식으로 자아와 연관된 생명체다. 11절에서 로크는 실체의 변화를 통해 동일하게 남아 있는 자아에 관한 명백한 주장을 하기 위해 이 연관성을 사용한다(2. 27. 2. 33-5.: 336-7 참조).

우리는 이 주장이 12절과 13절에서 제시된 질문에 대한 서문일 뿐이라고 생각할 수 있으며, 따라서 로크가 이 주장이 의식이 하나의 생각하는 실체에서 다른 실체로 전달될 수 있는지에 관한 쟁점을 해결해준다고 믿었던 것 같지는 않다. 하지만 특히 13절의 어려움을 인정한다면, 우리는 로크가 지금까지 성취한 것을 어렵게 훑어보길 원할지도 모른다. 그는 어떻게 한 존재자가 실체의 변화에도 불구하고 그 동일성을 지속하고 유지할 수 있는지 이해하기 위한 모델과 유비를 제공했다. 이 것은 사실상 우연히 자아의 일부인 한 실체, 즉 부분적으로도 전체적으로도 둘 다 육체 자체에 해당하는 경우다. 인격과 우리 안에서 생각하는 실체의 관계가 정말로 생명체의 모델과 비슷한지, 아니면 인간-인격 관계와 비슷한지는 곧 보게 될 것이다.

한편으로 떡갈나무와 말의 동일성과 다른 한편으로는 인격의 동일성에 대한 로크의 유비는 인격이 떡갈나무와 말이 지속하는 것과 마찬가지로 주어진 시간에 그것을 구성하는 실체들의 변화를 통해 지속할 수 있음을 시사한다. 2권 27장 12절의 시작 부분에서 로크는 "그러나 문제는 만약 생각하는 동일한 실체가 변한다면, 그것은 동일한 인격인가, 아니면 동일한 실체를 가진 다른 인격인가 하는 것이다"(2. 27. 12. 10-12.: 337)라고 썼다. 두 질문 모두에 대한 그의 대답은 단호하다. 이것은 인격 동일성에 대한 실체나 영혼의 중요성을 크게 줄인다. 사실상 로크는 적어도 설령 우리가 동일한 실체를 갖지 않더라도 동일한 인격을 가질 수 있고, 마찬가지로 동일한 실체와 연관된 둘 또는 그 이상의 인격을 가질 수 있다고 주장함으로써 의식을 실체로부터 분리하려고 시도한다. 첫 번째 경우는 실체가 인격 동일성의 필요조건이 아님을 시사하고, 두 번째 경우는 충분조건이 아님을 시사한다. 첫 번째 경우는 의식이나 기억이 한 실체에서 다른 실체로 전이되는 것을 포함하기 때문에 더 논란의 여지가 있다. 로크와 동시대의 많은 사람은 이것이 가능하다는 것을 간단히 부정했다. 클라크는 콜린스(Anthony Collins)에게 보낸 편지에서 특히 이 점을 강력하게 부인했다. 버틀러와 리드는 이와 관련하여 클라크의 견해를 울려 퍼지게 했다.

반면에 로크는 의식의 유무를 동일한 인격이 되기 위한 필요충분조건으로 다룬다. 만약 당신이 누군가가 천 년 전에 했던 어떤 일을 의식한다면, 당신은 그 인격과 동일한 인격이다. 만약 당신이 어제 했던 어떤 행동을 정말로 기억할 수 없다면, 당신은 그 행동을 했던 인격이 아니다.

법률 용어로서 '인격'

로크가 '의식'과 '실체'를 구별한 것은 급진적인 것이다. 나는 로크가 이 구별을 한 동기가 인식론적인 것이었다고 시사했다. 하지만 이것은 그가 왜 인격 동일성에 관한 지식에 그렇게 관심을 가졌는지 우리에게 말해주지 않는다. 쟁점은 무엇인가? 무엇이 위태로운가? 인격이 무엇인가 하는 로크의 설명으로 돌아가 보자. 로크는 인격은 서로 다른 시간과 장소에서도 자신을 동일한 생각하는 사물로 고려할 수 있는 지적인 생각하는 사물이라고 말했다. 하지만 자신을 서로 다른 시간과 장소에서도 동일한 생각하는 사물로 고려할 수 있다는 것이 그렇게 중요한 이유가 무엇인가(2. 27. 26. 24-28: 346 참조)? 자아가 자신을 서로 다른 시간과 장소에서도 동일한 생각하는 사물로 고려한다는 것이 중요한 한 가지 이유는 법의 본성이 법에 따르거나 반하여 한 행동에 대해 보상이나 처벌을 하는 것과 관련이 있다. 그가 지금 그 행동을 하는 행위자로서 처벌받거나 보상받을 행위자는 동일한 인격이라는 것을 파악할 수 있는 지적 행위자가 없다면, 이 개념은 무의미해진다. 법을 따르고 그것에 대한 보상을 받는 것은 기쁨과 행복을 얻는 것이다. 법을 어기고 처벌을 받는 것은 고통과 불행으로 끝날 것이다. 그러므로 인격이란 만약 그가 법을 지키면 보상을 받아서 행복해지며, 법을 어기면 처벌을 받아서 불행하게 된다고 계산함으로써 행복을 향해 자신을 인도할 수 있는 피조물이다. 반면에, 그가 계산하고 고의로 법을 어기는 선택을 한다면, 그는 처벌을 받고 불행해지는 것에 대해 자신의 책임이 있음을 나중에 계산할 수 있다. 법률 용어로서 이러한 인격의 개념은 인간의 법과 관련이 있을 수 있고, 로크는 이것을 염두에 두었을 가능성이 매우 높지만, 일차적인 의미는 신법(神法)일 가능성이 매우 높다. 자신을 서로 다른 시간과 장소에서도 동일한 생각하는 사물로 알 수 있는 이유를 이렇게 해석하는 것은 로크의 인격 동일성 설명, 2권 21장의 의욕과 자유로운 행동에 관한 설명, 2권 28장의 도덕에 관한 설명을 훌륭하게 연관시킨다. 한 가지 통찰력 있는 연관성은 행복에 대한 관심은 의식의 피할 수 없는 동반자라는 로크의 말을 통해 제공된다(2. 27. 26. 35-5.: 346-7 참조). 반면에 그의 의욕 이론은 우리가 어떻게 행복을 성취할 것인지 설명하며, 처벌 또는 보상과 더불어 신법에 의해 도덕을 다루는 부분은 앞의 두 설명과 조화를 이룬다(야페: 119-39).

2절의 왕자와 구두 수선공의 예에 관한 논의에서, 우리는 로크가 인간과 인격을 구별하게 된 동기 가운데 하나가 그가 최후 심판의 날 죽은 사람의 부활에서 일어나는 것에 관한 난제를 푸는 것임을 보았다. 로크가 영혼보다는 의식에 의해 인격 동일성을 설명하는 것은 최후 심판의 날의 또 다른 국면, 즉 저지른 죄에 할당된 처벌과 선행에 대한 보상의 국면과 명백하게 관련된다. 간단히 말해서, 로크의 학설은 당신은 당신이 기억할 수 없는 행동에 대해 정당하게 처벌받거나 보상받을 수 없다는 것이다. 당신이 그 행동을 했다는 것을 아는 것과 그 행동을 함으로써 얻은 쾌락이나 고통 사이에는 본질적인 연관성이 있다. 만약 이 본질적인 연관성이 끊어진다면, 로크는 정의가 무너진다고 주장한다. 이것은 대체로 로크가 행동 독점을 위한 장치로서 의식에 협소하게 초점을 맞추는 것을 설명한다. 여기에는 **양심**(conscience)과 **의식**(consciousness)이라는 용어의 흥미로운 유비가 있다. 두 단어는 같은 어원을 가지고 있다. 'con'(함께), 그리고 'scire'(알다). 이것은 우리가 같은 것을 알고 있는 두 인격, 즉 행동을 하는 행위자와 수행된 행동을 보고 기억하고 판단하는 목격자를 갖는다는 것을 시사한다. 동일한 인격 안에 이 두 가지 역할을 결합하면 당신은 의식과 양심을 갖게 된다.

여기에는 분명히 뭔가가 있다. 확실히 우리는 누군가가 보상받거나 처벌받을 때, 그가 자신이 보상받거나 처벌받을 만한 행동을 했다는 것을 알 것이며, 그가 그것을 했다는 것을 보여주는 증거를 듣거나 받아서가 아니라, 말하자면 내면으로부터 그것을 알 것이라고 기대한다. 개 조련사는 당신의 근사한 새 소파를 물어뜯은 개를 처벌하는 것은 무의미하다고 주장하는데, 그 이유는 그 개가 '범죄'를 저질렀다는 지식과 그 죄를 저지른 것에 대한 처벌을 받고 있다는 지식을 갖고 있지 않기 때문이다. 그 개는 그 사건 이후 자신을 당신의 소파를 망가뜨린, 동일한 물어뜯는 사물이라는 것을 알지 못한다. 그래서 개를 처벌하는 것은 아무런 도움이 되지 않는다. 그 이유는 정확하게 그 동물은 법이라는 기계를 작동할 수 없으며, 따라서 다른 방법으로 미래에 유사한 행동을 억제하게 되거나 개선되지도 않을 것이기 때문이다. 그것은 어떤 다른 방법으로 행복을 향해 나아가야 하고 불행에서 벗어나야 한다. 개가 그런 행동을 멈추게 하는 이상적인 상황은 개가 불쾌한 행동을 저지르는 동안에 처벌하는 것이다. 이것은 의식뿐만 아니라 특정한 종류의 기억의 중요성을 보여준다.

하지만 그것의 장점이 무엇이든 간에, 로크의 학설에는 분명히 난점이 있다. 몰리누와 라이프니츠(그가 『신인간지성론』을 쓰게 되었을 때) 둘 다 심각한 난점을 지적했다. 나는 내 삶의 어떤 일을 기억하지 못하는 반면에, 다른 누군가는 내가 어떤 행동을 했다는 설득력 있는 증거를 가지고 있을 수 있다. 이것은 정의와 의식에 관한 로크의 기본적인 직관에 의한, 이도 저도 아닌 경우일 수도 있지만 완벽하게 가능해 보인다. 마찬가지로 정의에 관한 로크의 설명은 처벌이나 보상이 필요한 모든 행동에 관한 완벽한 회상을 요구하는 것으로 보인다. 이것은 뚜렷하게 기억에 관한 비자연주의적인 설명처럼 보인다.

20절에서 로크는 하나의 가정, 그리고 그가 자신의 입장이 가진 명백한 난점의 일부를 알고 있음을 보여주는, 이 가정에 의거한 반대 의견을 다룬다. 그는 그 대답으로 우리에게 이렇게 말한다. "내가 내 생활의 어떤 부분에 대한 기억을 완전히 잃어버려서 그것을 되살릴 가능성이 전혀 없다면, 아마도 나는 그것을 다시 의식하는 일이 결코 없으리라고 상상해보자. 그러나 나는 지금은 잊어버렸지만 전에는 의식했던 행동을 했고 그러한 생각을 가졌던 동일한 인격이 아닌가?"(2. 27. 20. 23-28.: 342) 이 반대 의견에 대한 로크의 응답은 우리는 '나'가 무엇을 의미하는지, '나'는 보통 동일한 인간과 동일한 인격을 둘 다 의미하지만, 이 경우 의미하는 것은 동일한 인간이지만 동일한 인격은 아니라는 것을 주의 깊게 고려해야 한다는 것이다. 그는 계속해서 말한다.

그렇지만 만약 동일한 인간이 각기 다른 시간에 의사소통이 불가능한 별개의 의식을 갖는 것이 가능하다면, 동일한 인간이 각각 다른 시간에 각각 다른 인격을 형성할 수 있다는 것은 의심할 바 없다. 우리가 보기에 이것은 인간의 견해에 대한 가장 엄숙한 선언에 담긴 인간의 분별력이다. 즉 인간의 법은 **온전한 인간**의 행동 때문에 **미친 인간**을 벌하지 않고, **미친 인간**이 행한 일에 대해 **온전한 인간**을 벌하지 않음으로써, 그 두 사람을 두 인격으로 여긴다. 이러한 것은 우리가 '자기가 아니라거나(not himself)' '자기를 잃었

다(besides himself)고' 말하는 방식에서 어느 정도 설명된다. 그러한 구절
은 마치 그 구절을 지금 또는 적어도 최초로 사용한 사람들이, **자아**가 변해
자아와 동일한 인격이 더 이상 그 인간에게 남아 있지 않다고 생각했음을
암시한다. (2. 27. 20. 31-4 : 342-3)

그래서 로크는 만약 '내'가 했던 어떤 행동을 회상 불가능으로 기억할
수 없다면, 설령 그 인격이 내가 현재 작용하는 동일한 살아 있는 몸 안
에서 우연히 작용하고 있는 것이라고 해도, 그것은 다른 인격에 의해
행해졌다고 주장한다. 그는 또한 인간과 인격의 구별, 그리고 의식과
기억에 관련된 주장은 둘 다 일상 언어와 법의 실행에서 표현된다고 생
각한다.

질문
42. 로크가 인격 동일성의 담지자로서 실체를 의식으로 대체하면서 제
    시하는 이유는 무엇인가?
43. 식물과 동물의 동일성은 어떻게 인격 동일성의 중요한 특징에 대한
    유비를 제공하는가?
44. 로크가 '인격'이 법률 용어라고 말할 때 의미하는 것은 무엇인가?
45. 우리가 한 행동에 대해 정당한 처벌을 받기 위해서는 그것을 기억
    해야 한다는 로크의 주장이 그럴듯하다고 생각하는가?

관계와 도덕적 관계
인격 동일성의 법률적 특성을 확립하고 나서 로크는 계속해서 다음 장
에서 관계와 도덕적 관계를 논의한다. 로크는 시간, 장소, 인과성에 의
해서 사물을 비교하고 나서 그러한 비교가 가능한 다른 무수히 많은 것

이 있으며, 그 가운데 몇 가지를 언급하겠다고 말한다. 그는 동일한 단순 관념의 관점에서 비교되는 두 사물로 시작하는데, 하나는 다른 것보다 더 희거나 더 크거나 더 달콤하다. 두 번째 관계는 어떤 것의 기원이나 출발 상황을 고려하는 관계이며, 그러한 기원은 나중에 변경될 수 없으므로 "출발 상황에 의존하는 관계는 상황이 속하는 주체만큼이나 영속적이다. 예를 들어 **아버지**와 **아들**, **형제**, 친**사촌** 등."(2. 28. 2. 13-15.: 349) 이러한 관계들 가운데 우리에게 중요한 경우를 골라내어 이름을 붙이지만, 그렇지 않은 경우에는 이름을 붙이지 않기 때문에 어떤 의미에서 임의적이다. 우리는 인간관계에는 관심이 있지만, 다른 동물들에서 이에 상응하는 관계에는 관심이 없다. 그래서 로크는 이 현상은 "우리에게 언어의 서로 다른 상태와 성장에 관한 시사점을 줄 수 있다. 언어는 의사 전달의 편리함에만 적합하게 되어 있는 까닭에, 사람들이 가진 개념들과 균형을 이루고 있고 사람들 사이에 친숙한 생각을 교환하는 데 알맞다. 언어는 사물들의 진상이나 범위, 사물들 사이에서 발견될 수 있는 다양한 측면에 적합하지 않다"(2. 28. 2. 32-37.: 349)라고 말한다. 여기서 우리는 로크가 『인간지성론』 3권에 나오는 언어의 인간적 기원에 관해 어떤 입장을 취할지 미리 엿볼 수 있다.

로크가 고찰하는 세 번째 부류의 관계는 도덕적 관계다. 만약 인격이라는 것이 법을 운용할 힘과 능력을 가진다는 것을 함축하고, 법은 특정한 시간과 장소에서 행한 행위에 대해 보상과 처벌을 연관시키고 그러한 보상과 처벌을 정당하게 한다면, 도덕에 대한 로크의 설명에서 가장 중요한 부분은 일차적으로 법에 관한 것이다. 따라서 2권 28장 5절에서 그는 다음과 같이 쓴다.

선과 악은 (…) 쾌락이나 고통과 다르지 않다. 또는 우리에게 쾌락과 고통

을 생기게 하거나 초래하는 것과 다름이 없다. 그렇다면 **도덕적으로 선하다
거나 악하다는 것**은 우리의 자발적인 행동이 어떤 법에 부합하거나 불일치
한다는 것을 말할 뿐이다. 법에 의해서 입법자의 의지와 힘으로부터 선이나
악이 우리에게 도출된다. 이 법에 대한 준수나 파괴에 대해서 입법자의 판
결에 의해 수반되는 선과 악, 쾌락과 고통을 우리는 **보상**과 **처벌**이라고 부
른다. (2. 28. 5. 17-24.: 351)

계속해서 그는 세 종류의 규칙과 서로 다른 종류의 처벌과 보상 규칙을
구별한다. 그는 강제적인 보상 또는 처벌이 없는 규칙이나 법은 의미가
없다고 주장한다. 규칙에는 세 종류가 있는데, 신법, 시민법, 여론 또는
평판의 법이다. 신법은 "자연의 빛 또는 계시의 소리에 의해서"(2. 28.
8. 15-16.: 352) 온다. 이 법을 이해하는 것은 단순히 법을 만든 이가
무한히 무거운 보상과 처벌로 그 법을 강제할 힘을 가지고 있기 때문이
아니라, "그는 우리의 행동을 최선의 방향으로 인도할 지혜와 선함을
가지고 있기"(2. 28. 8. 19-20.: 352) 때문이다. 따라서 자연법을 발견
하기 위해 이성을 올바르게 사용하는 것은 도덕적으로 결정된 우리의
본성과 잘 어울리고, 의식 자체의 본성은 행복을 얻기 위해 쾌락을 추
구하고 고통을 피하려는, 의식에 동반하는 욕구와 잘 어울린다.

시민법에 관한 절에서 우리는 로크의 『통치론』(*Second Treatise of
Government*, 1980)과의 연관성을 볼 수 있다. 이 절에서 로크는 시민
법이 영연방 안에 사는 사람들의 생명, 자유, 재산을 보호할 목적으로
영연방에 의해 만들어지며, 법에 복종하지 않는 것에 대한 벌은 불복종
하는 사람으로부터 생명, 자유 또는 재물을 빼앗는 것이라고 주장한다.
『통치론』에서 합법적인 영연방의 권력은 자연법에서 파생된 것이므로
두 번째 종류의 도덕 규칙이 첫 번째 규칙을 반영한다는 것은 명백하다.

덕의 찬성과 악덕의 불찬성이라는 세 번째 종류의 규칙은 "그 자체의 본성에서 올바른 행동과 그릇된 행동"을 나타낸다고 일컬어지는 이름이다. "또 그것들이 실제로 그렇게 적용되는 한 그것들은 지금까지 앞서 언급한 **신법**과 부합한다."(2. 28. 10. 5-8.: 353) 로크는 이러한 행동의 옳고 그름이 나라와 사회마다 다르게 결정되기 때문에, 그 자체의 본성에서 옳고 그르다고 가정되거나 일컬어진다고 말한다. 이 평판과 여론의 규칙은 그 나라나 사회의 구성원들이 베푸는 칭찬이나 비난에 의해 시행된다.

관념에 대한 판단과 관념의 연합

29장의 끝에서 로크는 관념의 기원에 대한 탐구를 완료했다고 썼다. 그는 단순 관념과 복합 관념의 기원, 복합 관념이 어떻게 양태, 실체, 관계 관념으로 나누어지는지 고찰했다. 하지만 관념에 대해 할 말이 더 있다. 『인간지성론』 2권은 우리가 관념에 관하여 짓는 다양한 구별을 설명하는 일련의 장—29장부터 32장까지—들로 마무리된다. 관념은 뚜렷하거나 불명료하고, 구별되거나 혼란스럽고, 실재적이거나 환상적이고, 적절하거나 부적절하고, 참이거나 거짓일 수 있다. 이 구별에 대한 용어, 그리고 용어를 설명하는 데 사용된 유비들의 일부도 대부분 데카르트에서 비롯된 것 같지만, 그 구별이 정확히 일치하지는 않다. 예를 들어 데카르트에게 구별됨은 복합 관념 안의 모든 단순 관념이 뚜렷한지와 관련이 있는 반면, 로크에게는 하나의 단순 관념이 뚜렷하고 구별되는 것일 수 있다. 2권은 관념의 연합에 관한 논의로 끝난다.

『인간지성론』 2권의 마지막 장에서 관념의 연합에 관한 로크의 설명은 부정적이다. 흄은 나중에 관념의 연합에 대한 긍정적인 설명을 그의 인간학의 중심 특징으로 삼았다. 관념의 연합에 관한 설명에서 로크는 그것을 이성에 의해 산출된 관념의 연합과 대조되는 광기의 한 형태로 취급한다. 그는 그것을 선입관이라 부를 수 있고 때로는 교육을 통해 주입되기도 한다고 생각하지만, 이 분석이 충분히 깊지 않다고 생각한다. 선입관은 서로 실질적인 연관성이 없는 관념들의 연합에서 표현된다. 그것은 선량하고 착실한 사람조차 영향을 받기 쉬운 광기의 한 형태다. 로크가 비난한 관념의 연합은 우리가 이성에 의해 인식하게 되는 관념들의 자연스러운 상응과 연관성보다는 우발적인 상응과 연관성을 포함한다. 로크는 "본래 산만하고 독립적인 **관념들**이 우리 마음속에서 잘못 연관된 것은 우리의 자연스러운 행위뿐만 아니라 도덕적 행위, 정념, 추리, 그리고 개념 자체에서 우리에게 영향을 미치며, 우리가 잘못된 행동을 하게 하는 강력한 힘을 가져서 아마도 더 주의를 기울여야 할 만한 것은 전혀 없다"(2. 33. 9. 27-31.: 397)라고 주장한다. 예를 들어, 철학자들 사이의 서로 다른 학파 차이는 관념 연합의 결과일 가능성이 매우 높다고 주장한다.

질문

46. 도덕적 관계와 도덕적 행동에 관한 로크의 설명은 의욕, 도덕적 결정론, 인격 동일성에 관한 그의 설명과 어떤 식으로 조화를 이루는가?

47. 당신은 로크가 관념의 연합을 선입관의 근원으로 설명하는 것이 얼마나 그럴듯하다고 생각하는가?

『인간지성론』 3권

3권의 구성

3권은 낱말과 언어에 대한 논의로 시작하여 일반어(1-3장), 단순 관념의 이름, 혼합 양태와 관계의 이름(4장과 5장)으로 나아간다. 이후 실체의 이름에 관한 긴 장(6장)과 불변화사에 관한 매우 짧은 장(7장)과 추상어와 구체어에 대한 논의(8장)가 나온다. 이후 로크는 낱말의 불완전성과 남용(9장과 10장), 그리고 이러한 불완전성과 남용에 대한 치유책(11장)으로 주제를 바꾼다.

언어와 지식

로크는 『인간지성론』 3권을 언어에 할애한다. 이것은 로크가 언어에 관한 쟁점이 지식을 얻는 데 상당히 중요하다고 생각한다는 것을 강하게 암시한다. 3권의 첫머리에서 그는 추상적인 일반 관념에 관한 지식의 중요성을 지적한다. 이것은 우리가 수많은 특정 사례의 순위를 매기는 범주 역할을 한다. 따라서 추상 관념과 분류는 언어에 관한 로크의 논의에서 중요한 핵심이다. 우리는 로크가 그의 '명료하고 역사적인 방법'을 사용할 때 언어 습득의 심오한 결과에 더 많은 주의를 기울이지 않는 것에 약간 실망할 수도 있다. 언어 습득은 확실히 아이의 발달에서 커다란 진전이다. 로크는 그것에 관해 거의 말하지 않는다. 우리 관념의 내용은 경험에서 오지만 우리는 비교와 추상처럼 관념을 능숙하게 다룰 줄 아는 능력을 타고났다는 그의 견해에 비추어 볼 때, 로크가 우리의 언어 습득 능력이 본유적이라는 촘스키(Noam Chomsky)의 견해와 비슷한 견해를 기꺼이 받아들였을 가능성이 있다. 촘스키의 견해에 따르면, 만약 구문론적 구조가 본유적인 것으로 간주되고, 그러한 구조가 의미론적 내용을 전혀 갖지 않는 한, 그 구조는 우리 지식의 의미론적 내용 가운데 어느 것도 본유적인 것이 없다는 로크의 주장을 위반하지 않을 것이다(촘스키, 1957).

로크가 낱말은 관념을 나타낸다고 주장하는 2권과 3권 사이에 뚜렷한 연관성이 있다. 언어에 관한 논의에서 로크는 『인간지성론』 2권에서 확립된 관념의 범주에 따라 낱말을 구별한다. 그래서 실체, 단순 양태, 혼합 양태, 관계 등의 관념이 있다. 이러한 맥락에서 로크는 실체에 관한 논의에서 위에 암시된 실재적 본질과 명목적 본질을 구별한다. 분류에서 사물의 종류에 관한 용어가 하는 역할에 초점을 맞추었기 때문에, 로크는 동사보다 명사에 훨씬 더 많은 관심을 기울인다. 그는 또한 모든 낱말이 관념과 관련되는 것은 아니라는 것을 인정한다. 마음이 관념이나 명제들 사이에 부여하는 연관성을 의미하는 낱말인 불변화사가 많이 있다(3. 7. 1.: 471). 하지만 3권에서 로크가 대부분의 관심을 쏟는 것은 명사와 관념의 관계다.

로크는 **낱말이 일차적인 직접적 의미에서 나타내는 것은 낱말 사용자의 마음에 있는 관념**"(3. 2. 2. 21-22.: 405)이라고 썼다. 크레츠만(Norman Kretzmann)은 이것을 로크의 주요 의미론적 논제의 공식화 가운데 "가장 불만족스럽지 않은" 것이라고 부른다(크레츠만: 126). 크레츠만은 이 논제가 의미론에서 고전적인 큰 실수로 종종 비판을 받아왔다고 지적한다. 예를 들어, 밀(Mill)은 "내가 '태양이 낮 관념의 원인'이라고 말할 때, 나는 나의 태양 관념이 내 안에 낮 관념을 일으키거나 낮 관념의 원인이 된다는 것을 의미하지 않는다"(크레츠만: 125)라고 썼다. 언어에 관한 로크의 설명에 대한 이 비판은 지각에 관한 그의 설명을 '지각의 장막'이라고 비판하는 것에 필적하며, 로크가 낱말의 의미를 그 지시체와 구별하지 않고 있다는 것을 시사한다. 하지만 크레츠만은 로크가 의미와 지시체를 구별하며, 관념은 낱말의 지시체가 아니라 의미를 제공한다고 설득력 있게 주장한다. 따라서 밀을 인용한 것으로 대표되는 비판의 노선은 정당한 근거가 없다. 하지만 우리가 당연한 추세로 고려해야 할 지시체에 관한 로크의 견해에는 특이점이 있다.

　위에서 지적한 관념의 종류 외에 구체적이고 추상적인 관념도 있다. 구체적 관념은 관념의 적용을 단일 개체에 한정하는 특정한 시간과 장소 관념을 그 안에 가지고 있지만, 추상적 일반 관념은 그 관념을 다른 유사한 성질이나 사물에 적용하는 것을 허용하기 위해 특정한 시간과 장소의 관념을 배제한다. 추상 과정의 본성과 그것에 관한 로크의 설명에 대해 상당히 철학적이고 학문적인 논쟁이 있었다. 버클리는 로크가 생각했던 것과 같은 과정은 일관성이 없다고 주장했다. 버클리가 이런 주장을 하는 이유는 부분적으로 그가 심상론자(imagist)―그는 모든 관념이 심상이라고 믿는다―라는 데 있다. 만약 어떤 사람이 심상론자라면, 예를 들어 직각삼각형의 관념과 그 안에 직각이 있을 수 없는 등변 삼각형의 관념을 그 안에 포함할 수 있는 삼각형의 추상 관념을 상상하는 것은 불가능하게 된다. 어떤 심상이 이 둘을 결합할 수 있을까? 에이어스는 로크도 역시 심상론자였다고 주장한다(에이어스, 1991: 44-51). 그게 맞다면 로크에 대한 버클리의 비판은 아주 적절한 것이 될 것이다. 하지만 에이어스의 주장은 논박되었다. 로크는 때때로 헷갈리는 방식으로 추상에 관한 그의 설명을 공식화해서 버클리를 부추겼다. 추상의 과정은 인간의 지식에 상당히 중요하다. 로크는 우리가 사용하는 대부분의 낱말이 일반적이라고 생각한다(3. 1. 1.: 409). 분명히 분류 도식에서 도움이 될 수 있는 종류를 가리키는 것은 일반적인 관념과 낱말뿐이다.

질문

1. 모든 것이 개별자라면, 로크는 왜 일반적인 낱말과 관념이 인간의 지식에서 그렇게 중요한 역할을 한다고 생각하는가?
2. 3권은 2권과 어떤 방식으로 뚜렷하게 연관되는가?
3. 로크의 주요한 의미론적 논제는 무엇인가?
4. 관념과 낱말의 관계에 관한 로크의 설명에 대해 밀이 제시한 종류의 비판은 2권에서 관념과 지각의 관계에 관한 로크의 설명에 대한 비판에 어떤 방식으로 필적하는가?

단순 관념과 정의; 양태와 관계

3권 3장에서 로크는 정의될 수 있는 낱말과 정의될 수 없는 낱말을 구별하는 좋은 방법을 아는 사람이 자신이 아는 한 이전에는 없었다고 말한다. 그는 모든 단순 관념은 실물 지시적으로 알려지기 때문에 정의할 수 없다고 주장한다. 몇 가지 흥미로운 예가 있다. 그는 '운동'을 정의하고자 하는 입자론자가 운동을 '한 장소에서 다른 장소로 통과하는 것'으로 정의할 때, 단순히 운동을 동의어로 대체한다고 주장한다. 반면에 모든 복합 관념은, 그것을 구성하는 모든 단순 관념이 이해하려고 시도하는 사람의 경험 범위 안에 있는 한, 그 단순 관념들에 의해 정의되고 이해될 수 있다. 이 차이는 우리가 알 수 있는 것과 알 수 없는 것을 결정하는 로크의 기획에서 훌륭한 진전처럼 보인다.

　양태와 실체의 구별은 확실히 로크의 철학에서 가장 중요한 것 중 하나다. 실체와 대조적으로 양태는 의존적 존재물이다. 그것은 실체의 배열이라고 생각할 수 있다. 이 용어들은 로크의 전문 용어이므로, 우리는 그것들이 어떻게 정의되는지 살펴봐야 한다. 로크는 "첫째, 나는 아무리 합성되어 있어도 그 안에 독자적인 존립의 가정을 포함하지 않는 복합 **관념**을 **양태**라고 부른다. **삼각형**, **감사**, **살인** 등의 낱말이 의미하는 관념이다"(2. 12. 4.: 165)라고 썼다. 로크는 계속해서 단순 양태와 혼합 양태를 구별한다(2. 12. 4. 1-6.: 165 참조).

우리가 양태 관념을 형성할 때, 정신은 다시 능동적이 되지만, 원형은 우리의 마음속에 있다. 문제는 우리 관념이 세상에 있는 사물의 본성과 상응하는지 그렇지 않은지가 아니라, 세상에 있는 사물이 우리 관념과 일치하는지 그렇지 않은지가 된다는 것이다. 그렇기 때문에 우리의 관념은 적절하다. 그래서 우리는 '총각'을 미혼, 성인, 남성 인간으로 정의한다. 설령 누군가가 이 정의에 맞지 않는다는 것을 발견한다 해도, 이것이 우리의 정의에 부정적 영향을 미치지는 않는다. 그것은 단지 그 개인이 총각의 집합에 속하지 않는다는 것을 의미한다. 양태 관념은 흄의 관념들 사이의 관계와 칸트의 **선험적이며 분석적인**이라는 범주와 어느 정도 유사성이 있어 보인다.

양태는 우리에게 국가와 감사, 질투, 행렬, 살인과 같은 상태와 사건의 유형뿐만 아니라 수학, 도덕, 종교, 정치, 그리고 인간의 규약 일반의 관념을 제공한다. 이러한 양태 관념은 우리가 만들 뿐만 아니라, 세상의 사물이 적합하거나 그렇지 않거나, 그래서 거기에 속하거나 속하지 않는 표준으로서 도움이 되므로, 뚜렷하고 구별되며, 적합하고 완전하다. 따라서 양태에서 우리는 결합된 실재적 본질과 명목적 본질을 얻는다. 우리는 수학적 용어의 정확한 정의를 내릴 수 있고(즉 필요충분조건을 제시할 수 있고), 수학적 진리의 연역적 증명을 할 수 있다. 3권 11장 16절에서 로크는 도덕도 연역적 증명이 가능하다고 말한다. 그의 친구 몰리누가 증명적인 도덕을 만들어내라고 압박했지만, 로크는 결코 그렇게 하지 않았다.

정치적 담론의 용어는 비슷한 특징을 포함한다. 예를 들어 로크가

『통치론』에서 자연 상태, 노예 상태, 전쟁 상태를 규정할 때, 우리는 아
마도 그것으로부터 결과를 연역할 수 있는 명확한 양태적 정의를 갖게
될 것이다. 하지만 정치학이라는 학문이 연역적인 양태적 국면뿐만 아
니라 경험도 필요로 하는 연구를 한다는 것은 가능한 일이다.

하지만 로크가 낱말의 불완전성을 고려하게 될 때, 명백한 인식론적
우위를 지닌 많은 양태가 의외로 문제가 된다는 것이 밝혀진다.

질문

5. 로크는 어떻게 정의될 수 있는 낱말과 정의될 수 없는 낱말을 구별
   하는가?
6. 양태 관념에 관해서 그것을 증명할 수 있게 하는 것은 무엇인가?

실체의 이름

분류에 관한 논의는 실체의 이름이라는 주제로 4장에서 본격적으로 시
작한다. 로크는 "**실체의 일반명사**는 다른 일반명사와 마찬가지로 **종을
나타낸다**. 이는 몇 개의 개별 실체들이 일치하거나 일치할 수 있는 복
합 **관념**의 기호가 되는 것과 다르지 않다. 이로써 개별 실체들은 하나
의 공통 개념에 포괄될 수 있고 하나의 이름으로 의미될 수 있다"(3. 6.
1. 28-3.: 438-9)라고 말하면서 그 장을 시작한다. 그런 다음 로크는
태양의 예를 제시한다. 만약 태양이 단일한 실체 그 이상을 포함하도록
추상되면, '별'의 종류를 우리에게 제공하게 된다. 이 예는 이 장의 주
요 주제 중 하나, 즉 "종류, 또는 만약 괜찮다면 사물의 **유와 종**(이 라틴
어 용어들은 나에게는 단지 '종류'라는 영어 낱말을 의미하기 때문이
다)이 사물의 실재적 본성이 아니라 사람들이 만든 관념들의 집합에
얼마나 의존하는지를 보여준다. 적절한 대화 방식에서는 한 사람에게

별인 것이 다른 사람에게 태양이 될 수 없다"(3. 6. 1. 10-15.: 439)라
는 것을 구체적으로 표현한다. 로크는 우리의 분류 체계가 자연에 있는
사물의 실제 분할을 반영한다고 믿었던 아리스토텔레스주의자들과 스
콜라 철학자들에 대한 논쟁을 시작하고 있다.

　로크는 다음으로 '본질'이라는 용어를 정의하고, 그가 명목적 본질이
라고 부르는 것과 사물의 실재적인 원자 구조를 구별한다. "특정 종을
구성하고 다른 종과 구별되게 하는 각 종 또는 종의 척도와 경계가 바
로 우리가 각 종의 **본질**이라고 부르는 것이다. 본질이란 **이름이 결부되
는 추상** 관념일 뿐이므로 추상 **관념**에 포함된 모든 것은 그 종류에 본
질적이다."(3. 6. 2. 16-20.: 439) 추상 관념은 사물의 그 종 관념의 일
부라고 우리가 결정한 단순 관념의 집합이다. 이 관념들은 우리가 경험
을 통해 얻는다. 로크는 종을 가려내는 일반 관념을 그 종류의 **명목적
본질**이라고 부른다.

　로크는 사물의 명목적 본질이 그 사물의 원자 구조에 달려 있다고 말
한다. 색깔, 용해성, 무게, 가단성 같은 그 명목적 본질의 일부인 금의
모든 명백한 특성은 금의 원자 구조에 달려 있다. 사물의 원자 구조는
명목적 본질보다 훨씬 더 근본적으로 중요하기 때문에, 우리는 로크가
이것을 본질이라고 부르리라 생각할 수도 있다. 그는 실로 그것을 기꺼
이 실재적 본질이라고 부르고 싶지만, 사물의 원자 구조가 우리 일반어
의 의미를 제공할 수 없다는 것을 주장하고자 애쓴다.

　한 가지 주장은 우리가 단지 물질적 실체의 실재적 본질을 알지 못하
고, 따라서 그것은 우리 일반어의 의미를 제공할 수 없다는 것이다. 그
는 친숙한 종류인 '인간'에 관하여 이 의견을 말한다. 그는 만약 우리가
감각 및 이성과 더불어 일정 형태의 신체에 연결된 자발적 운동을 인간
의 명목적 본질로 여긴다면, 아무도 이것을 인간의 원자 구조로 착각하

지 않으리라고 지적한다. 만약 우리가 신이나 천사들이 가지고 있는, 인간의 실재적 본질에 관한 지식을 갖는다면, 우리는 지금 우리 정의에 포함된 것과는 상당히 다른 관념을 갖게 될 것이다(3. 6. 3. 10-15.: 440 참조).

　이 구절에서 로크는 당시로서는 기계적 경이였던, 1570-1574년에 만들어진 스트라스부르의 커다란 시계를 이용하여 사물의 실재적 본질을 아는 것과 명목적 본질을 아는 것의 엄청난 차이를 명확히 구별한다. 시계의 지면 중앙에는 24시간 움직이는 3피트짜리 천체가 있었고, 그 뒤에는 연, 월, 일, 밤, 춘분점과 추분점, 축제일을 기록하는 10피트짜리 회전 달력과 시계가 있었다. 그 위에서 이름뿐인 신이 요일을 관장했다. 두 개의 고정된 측면 패널이 일식을 기록했다. 1층에서 중앙 천체 관측 장치가 황도대에 있는 행성의 위치를 구획하고 시간을 표시했으며, 난간 전면의 눈금판은 분과 15분을 표시했다. 천체 관측 장치 위의 눈금판은 달의 현재 위상을 나타냈다. 3층에서 회전 잭이 15분마다 쳐서 시간의 소멸을 알렸다. 전체 구조는 정교하고 입체적으로 만들어졌고, 종교적·우화적·세속적 주제로 채색되었다. 무게를 수용하는 2층의 탑 위에는 종을 울리는 노래가 끝나면 작동하는 기계식 수탉이 올려져 있었다.

　17-18세기의 다양한 철학자들은 스트라스부르의 커다란 시계를 우주의 유사물 또는 모델로 사용했으며, 이는 신이 위대한 시계 제작자라는 것을 시사했다. 그래서 로크는 우리가 와서 사물의 겉모습에 경탄할 수는 있지만 (시골뜨기는 시계의 외적 경이로움만 보기 때문에), 우리는 시계 제작자(신)와 그의 조수(천사)만 알 수 있는 내부의 용수철과 바퀴(물질적 실체의 원자 구조의 조직)에 결코 도달할 수 없다고 말한다. 이 유비는 또한 로크가 자연 종교와 목적론적 증명을 시인하는 것

을 울려 퍼지게 하기 때문에 주목할 만한 가치가 있다. 우리는 언어 남용에 관한 논의에서 이 주제를 다룰 것이다.

4절에서 로크는 종에 관계 없이 고찰된 개체들은 그것에 본질적인 특성을 갖지 못한다고 주장한다. 로크는 '분리할 수 없는'을 '본질적인'과 동의어라고 정식으로 간주한다. 예를 들어 그는 자신의 색깔, 형태, 이성, 기억, 감각, 지성, 생명 모두 근본적으로 변경되거나 완전히 잃을 수 있는 특성이라고 지적한다. 그래서 그는 이러한 특성 중 어떤 것도 마음이 어떤 종에 속하는 것이 되게 할 때까지 본질적인 것이 아니라고 주장한다. 존 로크가 사람으로 여겨질 때만 이성이나 기억이나 생명을 잃는다는 것이 그가 본질적 특성을 잃었다는 것을 의미한다. 즉 그는 더 이상 '사람'이라는 종에 속하는 것으로 여겨지지 않을 것이다. 따라서 어떤 특성을 본질적인 것으로 명명하는 유일한 근거는 종류에 관한 우리의 추상 관념에 상대적이다.

그렇다면 실재적 본질에 관해서는 어떤가? 실재적 본질의 근본적인 설명적 특징과는 별개로, 실재적 본질이 우리의 분류 체계를 결정하지 않는 이상 왜 우리는 물질적 대상의 원자 구조를 그것의 실재적 본질이라고 불러야 하는가? 로크는 명목적 본질에 의해 결정되는 실재적 본질과 개체의 원자 구조를 구별한다. 실재적 본질 안에 있는 특성은 우리가 지각하고 분류를 위해 사용하는 명백한 특성을 일으킨다. 따라서 우리가 그것들을 직접 경험하지는 않더라도, 그것들은 타당하게 실재적 본질이라고 불릴 수 있다.

질문

7. 로크는 '본질', '명목적 본질', '실재적 본질'을 어떻게 정의하는가?
8. 로크가 스트라스부르의 커다란 시계와 우주의 유비를 통해 말하고

자 하는 요점은 무엇인가?
9. 종류는 본질적 특성과 어떤 관련이 있는가? 로크는 이것을 설명하
   기 위해 자신의 특성에 관해 어떤 의견을 말하는가?

추상, 분류와 반본질주의

3권의 쟁점 중 하나는 분류와 관련된다. 우리는 어떤 근거로 사물의 종
류를 나누고 그 종류를 종과 유의 체계로 구성하는가? 로크가 거부하
는 아리스토텔레스주의와 스콜라 철학적 전통에서 필수적 특성은 개체
가 존재하고 계속해서 존재하기 위해 가져야 하는 특성이다. 이것은 우
연적 특성과 대조된다. 우연적 특성은 개체가 얻기도 하고 잃기도 하면
서도 존재하기를 계속할 수 있는 특성이다. 다수의 개체가 필수적 특성
의 집합을 공유한다면, 특성의 그 집합은 자연종의 본질을 구성한다.
아리스토텔레스주의 과학의 목적은 자연종의 본질을 발견하는 것이다.
그런 다음 종류는 종과 유의 분류 체계로 위계적으로 구성될 수 있다.
자연종에 의한 세계의 이와 같은 분류는, 그것만이 세계의 구조에 상응
하기 때문에 유일무이하고 특권적인 것이 된다. 이 본질과 종류의 학설
은 종종 아리스토텔레스 본질주의라고 불린다. 로크는 이미 명백해진
것처럼 이 학설의 다양한 측면을 거부한다. 그는 개체가 한 종류에 속
하는 것으로 취급되는 것과는 별개로 본질을 갖는다는 개념을 거부한
다. 그는 또한 자연철학자가 발견해야 할 자연의 사물에 단일한 분류가
있다는 주장을 거부한다. 그는 세계를 분류하는 데는 여러 가지 방법이
있고, 그 각각은 목적에 따라 특히 유용할 수 있다고 주장한다. 10절부
터 24절에 걸쳐 로크는 자연종에 대한 선명한 경계가 없다고 보는 다양
한 이유를 제시한다. 여기에는 존재의 대사슬(신이 정한 위계)에 관한
오래된 학설에 대한 호소, 종 간의 현저한 경계 사례에 관한 설명 등이

포함된다.

질문

10. 개체의 본질적 특성과 우연적 특성의 구별은 로크가 거부하는 아리
    스토텔레스적 본질주의를 해명하는 데 어떻게 도움이 되는가?

로크의 실용주의

로크는 의사소통과 사태의 신속한 전달을 위해 언어가 만들어졌다고
주장한다. 언어에 관한 실용주의적 설명과 명목적 본질과 실재적 본질
의 구별은 아리스토텔레스적 본질주의와 그것과 상관관계를 갖는 자연
종의 분류 설명에 대한 반본질주의적 대안을 구성한다. 그는 발견될 수
있는 자연의 고정된 경계는 없다―종 사이에 뚜렷한 구획점은 없고,
항상 경계 사례가 있다―고 주장한다.

　로크의 견해가 이러한 고정된 경계의 결여가 현상과 명목적 본질, 원
자 구조와 실재적 본질 둘 다의 수준에서 참이라는 것인지, 아니면 명
목적 본질 수준에서만 참이라는 것인지에 대해서는 학술적 논쟁이 있
다. 첫 번째 관점에 따라 로크는 현상의 수준에서나 원자적 실재의 수
준에서나 자연종은 없다고 주장한다. 반면 두 번째 관점에 따르면, 로
크는 원자 수준에서 실재적인 자연종이 있지만, 우리는 그것에 도달하
거나 그것이 무엇인지 알 수 없다고 생각한다. 두 해석 중 어느 것에서
도 실재적 본질은 실체 이름의 의미를 제공할 수 없다. 첫 번째 경우에
서는, 우리가 자연에서 아리스토텔레스적 자연종을 발견하지 못하게
막는 인식론적 문제만 있다. 두 번째 관점에서는 자연종에 대한 아리스
토텔레스적 학설을 거부하는 인식론적 이유와 형이상학적 이유가 둘
다 있다(우즈갈리스, 1988 참조).

대조해보면, 우리가 명목적 본질을 구성하기 위해 사용하는 관념은 경험으로부터 나온다. 로크는 마음이 우리의 종류 관념을 만들 때 능동적이고, 경험으로부터 선택할 수 있는 특성이 매우 많아서 사람마다 개별 실체의 본질에 관한 아주 다른 관념을 만드는 것이 가능하다고 주장한다. 이것이 일부 주석자들에게 종류의 형성이 로크에게 완전히 임의적이고 관습적이며, 따라서 특정한 명목적 본질을 비판할 근거가 없다는 인상을 주었다. 때때로 로크는 이를 시사하는 듯한 말을 한다(예를 들어 3. 9. 12. 22-30.: 482-3 참조). 그러나 그는 또한 명목적 본질의 형성은 용법(낱말이 이미 사용 중인 관념을 나타내는 경우), 그리고 실체라는 낱말은 그것이 가리키는 실체의 특성을 모사한다고 가정된다는 사실 둘 다에 의해 제한된다고 지적한다.

낱말의 용법으로부터 시작하자. 언어 공동체에서는 같은 의미를 갖는 낱말을 사용한다는 것이 중요하다. 이 조건이 충족되면 의사소통이라는 언어의 주요 목적이 촉진된다. 만약 우리가 대부분의 사람들이 낱말에 부여하는 의미로 그 낱말을 사용하지 못하면, 우리는 다른 사람들과 효과적으로 의사소통을 하지 못하게 되므로, 언어의 주된 목적에 어긋난다. 또한 로크의 경우 용법의 전통이 수정될 수 있다는 점에 유의해야 한다. 그렇지 않다면 우리는 더 뚜렷하고 명확한 관념을 얻는 것에 의해 우리의 지식과 이해를 향상시킬 수 없을 것이다.

실체 이름을 만들 때 추상적 일반 관념이 조합되는 것과 같은 발견(제비꽃이나 금의 발견 같은)의 단계를 거쳐 그 관념의 명명, 그러고 나서 언어로 도입된다. 언어 자체는 일상생활에서 주로 평범한 활동을 수행하는 도구로 여겨진다. 평범한 사람들이 언어의 주된 제작자다(3. 6. 25. 29-3.: 452-3 참조). 이들 평범한 사람들은 몇 가지 명백한 성질, 주로 제2성질의 관념을 사용하여 목적에 맞는 관념과 낱말을 만든다.

　자연철학자들은 평범한 사람들이 특정한 관념에서 결합한 특성들 사이의 연관성이 실제로 자연에 존재하는지 그렇지 않은지 결정하는 일을 한다. 자연철학자들은 자연의 특성 사이에 필연적인 연관성을 발견하려고 시도한다. 로크의 견해에 따르면 과학자들조차도 자연의 사물을 범주화하기 위해 관찰 가능한 (그리고 주로 제2) 성질을 사용하는 것으로 한정된다. 과학자들은 보통 사람들이 때때로 고래를 '물고기'라고 불렀을 때, 그들이 실수했다는 것을 알 수 있다. 나중에 밝혀진 것처럼, 고래는 물고기가 아니라 포유류다. 고래에게는 없고 물고기에는 있는 특징적인 성질이 있다. 포유류가 고래와 공통으로 갖는 특징적인 성질이 있다. 따라서 고래를 물고기로 분류하는 것은 잘못이다(이와 유사하게 로크는 3. 11. 7. 7-19.: 511에서 박쥐가 새인지 아닌지에 관해 꼭 닮은 예를 제시한다). 마찬가지로, 우리는 부드러운 금속이면서 색깔이 금빛인 특성을 포함하는 것만을 금의 관념으로 만들 수도 있다. 만약 그렇다면 우리는 금과 황철광을 구별할 수 없을 것이다. 따라서 복합 관념(그것은 '지성의 솜씨'다)을 만드는 것은 마음이기 때문에, 우리는 원하는 대로 자유롭게 관념을 결합하고 그것을 우리가 의도하는 것이라고 부른다. 그러나 그러한 작업의 산물은 이미 통용되는 용법에 부합하지 않거나, 또는 그것이 반영하리라고 상정되는 원형을 부적절하게 재현한다는 이유로 비판받을 수 있다(2. 32. 18. 20-25.: 391 참조). 우리는 물질 세계에 관한 인간의 이해를 향상시키고, 나아가 인간 조건을 향상시키기 위해 그러한 비판에 참여한다.

　로크의 언어 철학에 대한 흥미로운 논문에서 가이어(Paul Guyer)는 로크의 반본질주의가 로크의 추상 설명에서만 유래한다고 주장한다. 가이어는 다음과 같이 쓴다. "이 지성의 솜씨라는 로크의 결론은 오로

지 일반어의 힘에 관한 그의 분석 논리에서 파생되었으며, 실제로 자연 속 개체 사이에서 통용되는 유사성의 종류에 관한 실질적인 주장이나 또는 자연 대상에 관한 우리의 과학적 지식 안에 있는 종의 한계와는 관련이 없다."(가이어: 130)

가이어의 요점은 추상에 관한 로크의 설명에 따르면 우리는 특정한 추상 관념을 형성할 때, 다수의 가능한 유사성과 차이 중에서 선택하도록 강제된다는 것이다. 따라서 어떤 일반 관념도 지성의 솜씨임에 틀림없다. 논문의 뒷부분에서 가이어는 다음과 같이 쓴다. "로크는 어떤 수준의 묘사에서도 개별 대상 간에 객관적이고 완벽하게 잘 정의된 유사성과 차이가 있다는 것을 결코 부인하지 않으며, 우리가 그 목적을 위해 유사성과 차이를 사용하기로 선택하지 않는 한, 그것들이 종의 경계를 구성하지 않는다고 주장할 뿐이다."(가이어: 137) 이러한 이유로 가이어는 "실체의 이름에 대한 로크의 더욱 상세한 논의"가 동시대 사람들과 최근의 주석자들을 오해하게 했다고 주장한다. 이것은 로크가 사실상 거시적 수준과 미시적 수준에서 개체 간의 유사성과 차이를 중점적으로 다루는 반면에, 가이어는 로크가 이렇게 할 이유가 없다고 주장하기 때문이다. 그러나 로크로서는 그럴 필요가 있다고 생각할 만한 이유가 있었다.

추상에 관한 로크의 설명에 따르면 우리가 종의 관념을 형성할 때 사용할 유사성과 차이를 선택해야 한다는 점을 일단 인정하면, 다음 질문은 아마도 어떤 근거에서 그 결정을 내릴 수 있는가다. 어쩌면 그 결정이 임의적으로 내려지거나, 우리의 다양한 목적에 의해 내려질 것이다. 또는 아리스토텔레스주의자들은 자연의 실제 구분에 최적으로 상응하는 분류 체계를 우리가 선택해야 한다고 주장할 수 있었다. 가이어의 해석은 우리의 선택을 임의적이게 할 것이다. 그러나 이 견해에 반대해서 주목할 가치가 있는 두 가지 의견이 있다. 첫째, 로크는 우리가 실체의 관념을 만들 때 외부에 있는 것과 일치시키려고 노력한다고 말한다. 실체는 원형이며, 우리는 우리 관념이 그 원형에 상응되게 하도록 노력한다. 따라서 어떤 사람이든 실체의 관념을 만들 때 그가 좋아하는 단순 관념을 자유로이 조합할 수 있다 하더라도, 우리는 그 관념이 원형에 얼마나 잘 상응하는지를 기초로 하여 그러한 관념의 적합성을 판단할 것이다. 그런 다음 같은 종류의 말을 실체 분류에 적용할 것이다. 이것이 사실이어서 만약 아리스토텔레스주의자들이 상상했던 자연종이 존재하고, 우리가 그것을 발견할 수 있다면, 우리는 다른 체계보다는 이러한 자연종에 기반한 분류 체계를 채택할 타당한 이유를 갖게 될 것이다. 로크가 아리스토텔레스주의자들에게 반론을 제기하는 것은 이러한 이유에서다. 그래서 존재의 대사슬에 관한 로크의 모든 언급과 가이어가 오도되고 있다고 여기는 나머지 언급이 되살아나서 로크의 주장에서 다시 한번 적절하게 자리 잡는다. 로크는 아리스토텔레스주의자들과 스콜라 철학자들이 자연의 구분에 유일무이하게 상응하는 분류 도식이 있다고 주장할 때 그들은 틀렸다고 말한다. 그렇기 때문에 우리는 그러한 도식을 찾아서는 안 된다. 이 주장은 4권으로 이어지고, 거기서 로크는 아리스토텔레스주의자들이 경계 사례를 효과적으로 다룰 수 없다고 주장한다(4. 4. 13-18.: 569-73).

질문

11. 언어의 원작자들은 누구이며, 그들은 어떤 목적으로 언어를 만드는가?

12. 낱말, 특히 실체의 이름 사용에는 어떤 제약이 있는가?

13. 추상에 관한 로크의 견해는 그의 반본질주의에 어떻게 기여할 수

있는가?

14. 자연의 종 사이에 뚜렷한 경계가 있다는 주장에 반대해서 로크는
    어떤 논증을 펴는가?

언어의 불완전성과 남용

낱말의 불완전성

우리는 우리 관념을 회상하고 다른 사람뿐만 아니라 자신과도 대화하기 위해 낱말과 언어를 사용한다. 로크는 두 종류의 공적 담론이 있다고 주장한다. 첫째는 그가 일상적 담론이라고 부르는 것이고, 둘째는 철학적 담론이라고 부르는 것이다. 일상적 담론은 일상생활에서 쓰이는 언어이고, 우리의 낱말이 고정된 의미를 갖지 않는다는 사실은 철학적 담론에서보다 여기서 문제를 더 적게 일으킨다. 철학적 담론은 "사물의 정확한 개념을 전달하고, 마음이 참다운 지식을 탐구할 때 의거하며, 거기에 만족하는 확실하고 의심할 바 없는 진리를 일반 명제로써 표현하는 데 도움이 되도록"(3. 9. 3. 27-30.: 476) 의도된다. 우리는 이 철학적 용도에 반대해서 낱말의 완전성 또는 불완전성을 측정한다. 낱말은 관념을 나타내기 위해 임의로 할당된 소리이기 때문에 하나의 소리는 다른 소리와 꼭 마찬가지로 자격이 있다. 따라서 낱말의 불완전성 문제는 주로 소리가 아니라 관념에 있다. "의사소통에서 언어의 주요 목적은 이해된다는 데 있으므로 일상적 담론이건 철학적 담론이건 간에 낱말이 화자의 마음속에서 나타내는 **관념**과 동일한 **관념**을 청자에게 불러일으키지 못할 경우, 낱말은 목적에 제대로 도움이 되지 못할 것이다."(3. 9. 4. 33-1.: 476-7) 우리는 종종 소리를 듣고 낱말을 배우며 그 낱말의 의미에 어떤 관념이 포함되어 있는지 묻지 않는다. 그렇

기 때문에 우리는 어떤 낱말을 이해하지 못하면서도 이해한다고 생각할 수 있다. 마찬가지로, 모든 사람이 같은 사물을 의미한다고 가정하는 반면에, 서로 다른 사람들이 주어진 낱말로 그들이 의미하는 것에 다른 관념을 포함하고 있을 때 의사소통은 실패하고, 실질적 쟁점에 관한 것처럼 보이는 많은 논쟁이 발생하지만, 사실상 그 논쟁은 낱말의 의미에 관한 것이다.

로크가 관여하는 언어의 주된 불완전성은 사람들이 낱말이 나타내는 관념을 뚜렷하게 하지 않은 채 낱말을 사용한다는 것이다(3. 9. 4. 33-8.: 476-7). 이 문제에는 정도가 있다. 단순 관념은 쉽게 획득되고 유지되기 때문에 우리가 실수할 가능성이 가장 낮은 것은 단순 관념이다. 다음은 단순 양태, 특히 모양과 수의 양태다. 우리는 뚜렷하고 구별되는 관념을 갖고 있어서 7을 다른 숫자로, 또는 삼각형을 사각형으로 착각하지 않는다. 다음으로 소수의 명확한 관념만 포함하고, 보통 그 의미가 사리에 맞게 뚜렷한 이름을 갖는 혼합 양태가 있다. 낱말의 의미가 갖는 문제가 훨씬 더 중요해지는 것은 우리가 그 안에 많은 관념을 가진 혼합 양태, 그리고 마침내는 실체 관념에 도달하는 때다.

혼합 양태에는 몇 가지 문제가 있다. 첫째, 그러한 관념은 종종 매우 복잡하다. 그 결과, 사람들이 그러한 관념을 만들 때 종종 서로 다른 관념들을 포함한다. 로크는 이것이 특히 도덕 관념에 해당하는 문제라고 말한다(3. 9. 6. 8-17.: 478). 둘째, 그 관념이 일단 만들어지면 다른 사람들이 그것 안에 원래 어떤 관념들이 포함되었는지 결정하기 어려운 것이 당연하다. 이것은 관념을 조회할 수 있는 표준이 자연 안에 없기 때문이다. 이것은 성경과 같은 고대 원문의 의미를 결정하기 어렵게 한다(3. 9. 9. 27-38.: 480). 공통 용법은 혼합 양태의 의미를 결정하는 데 약간의 도움을 주지만, 이것은 대부분 일상적 담론에 해당하며, 철학적 담론에서는 거의 쓸모가 없다(3. 9. 8. 14-34.: 479). 혼합 양태, 특히 도덕 용어의 또 다른 문제는 아이들이 낱말을 들음으로써 그것을 규칙적으로 배우고, "다른 사람의 설명에 의지하거나 (대부분의 경우에 발생하는데) 그들 자신의 관찰과 노력에 맡겨진다"(3. 9. 10. 7-9.: 480)는 것이다. 따라서 특히 도덕 용어는 대부분 사람의 입에서 단순한 소리거나 아니면 분명치 않고 불확정적인 경향이 있어서 그 의미가 흐릿하고 혼란스럽다. 그러한 용어에 좀 더 주목하는 사람은 자신이 부여한 의미가 다른 사람들이 부여한 의미와 다르다는 것을 당연히 알게 될 것이다. 따라서 명예, 신앙, 은총, 종교, 교회와 같은 용어에 관한 논쟁에서 사람들이 그것들을 반드시 동일한 의미로 사용하는 것은 아니며, 따라서 논쟁은 대체로 쓸모가 없다는 것을 쉽게 알 수 있다(3. 9. 10. 17-24.: 480).

　로크는 만약 자연에 혼합 양태의 고정된 패턴이 없기 때문에 혼합 양태의 이름이 의심스럽다면, 그 반대의 이유로 실체의 이름이 의심스럽다고 말한다(3. 9. 11. 20-24.: 481). 실체의 이름에는 두 가지 문제가 있다. 첫 번째는 낱말의 의미가 쉽게 알려지지 않는 표준—물질적 실체의 경우 외부 원형—에 조회한다는 것이다. 만약 표준이 실재적 본질이라고 상정된다면, 그것은 전혀 알려지지 않는 것이기 쉽다. 두 번째 문제는 우리가 실체 안에 공존하는 단순 관념들을 표준으로 삼는다 해도, 이것이 다양하고 불확실한 실체의 관념들과 이름들을 여전히 제공할 수 있다는 것이다. 이는 실체 관념의 의미에 포함될 수 있는 관념이 너무 많은 탓에 주의, 근면, 관찰의 양에 따라 사람들마다 서로 다른 관념을 생성할 가능성이 매우 높기 때문이다. 그 모든 관념들은 '금' 또는 '이율배반'의 의미로 간주되는 다른 관념들과 마찬가지로 옳다.

낱말의 불완전성에 관한 장의 끝부분에서, 로크는 성경으로 돌아가 구약과 신약에 관한 주석의 양이 낱말의 의미를 결정할 때 포함되는 어려움을 증명한다고 주장한다. 그는 성경 해석의 어려움을 신의 존재에 대한 증거의 명백함, 그리고 자연에 대한 연구인 자연 종교에서 오는 신에 대한 복종과 대조한다(3. 9. 23. 12-19.: 490 참조).

낱말의 남용

언어의 남용은 "사람들이 이런 의사소통 방식에서 저지르는 여러 고의적인 잘못과 태만이다. 이로 인해 사람들은 기호의 의미를 기호가 자연스럽게 필요로 하는 것보다 덜 뚜렷하고 구별되게 한다."(3. 10. 1. 22-25.: 490) 이러한 남용 중 첫 번째는 뚜렷하고 구별되는 관념이 부가되지 않은 낱말을 사용하는 것이다. 로크는 이것을 '무의미한 용어'라고 불렀다. 그는 여기서 학파들의 전문 용어를 염두에 두고 있다. 이 용어들은 "특이하고 통속적 이해를 벗어난 것인 체하기 위해, 또는 기이한 의견을 지지하거나 자신들의 가정의 약점을 감추기 위해"(3. 10. 2. 2-5.: 491) 만들어진다. 두 번째는 공통 용법이 있는 중요한 낱말을 택하여 그것을 의미의 구별 없이 사용하는 것이다. 일상적 담론에서 이것은 낱말을 남용하는 사람들에게 다음과 같은 방식으로 이점을 가져다준다. "그런 대화에서 이들이 옳은 경우는 드물지만 마찬가지로 자신들이 옳지 않음을 납득하는 경우도 드물다는 이점이 있다. 정착된 개념을 갖지 못한 사람들을 실수에서 구출하려고 노력하는 것은 일정한 주거지가 없는 부랑자한테서 주거지를 빼앗는 것과 매한가지다."(3. 10. 4. 21-25.: 492) 로크가 이것을 철학적 담론으로 확장할 때, 우리는 '물체'와 '연장'이라는 용어의 의미가 서로 구별되는 것은 통상 담론에서 분명하지만, "그 의미를 혼동하는 것이 필연적임을 발견하는"(3. 10. 6.

33-4.: 493) 사람들이 있다. 그는 분명 데카르트와 데카르트주의자에 대해 이야기하고 있다.

질문

15. 로크가 인정하는 두 종류의 공적 담론은 무엇인가? 이 가운데 어느 것에 대해 우리는 낱말의 완전성 또는 불완전성을 측정하는가?

16. 로크가 사람들이 다양하게 조합해놓은 각각의 금 관념은 그다음 관념과 동등한 자격이 있다고 말할 때, 그는 그러한 관념 중의 하나가 다른 관념보다 더 적절하다는 것이 증명될 수도 있음을 망각한 것인가?

17. 로크는 성경과 다른 계시들이 그 안의 수많은 고대 양태 개념 때문에 애매하다고 주장한다. 그는 계속해서 신의 존재에 대한 목적론적 증명과 다른 관련 증거들이 신의 존재와 신에 기인하는 복종을 확립하는 데 훨씬 더 효과적이라고 주장한다. 당신은 그에게 동의하는가? 동의하거나 하지 않는 이유는 무엇인가?

18. 언어의 불완전성과 남용의 차이는 무엇인가?

19. 로크는 데카르트주의자들이 '물체'와 '연장'이라는 용어를 융합하면서 범하는 언어 남용이 어떤 것이라고 생각하는가?

불완전성과 남용의 치유책

로크가 3권 11장에서 제시하는 언어의 불완전성과 남용에 대한 치유책은 불완전성과 남용의 본성에서 자연스럽게 도출된다. 그는 언어 개혁은 아주 가망이 없는 사업이며, 논쟁을 좋아하는 사람들은 의견 불일치를 줄이는 데에는 거의 관심이 없으므로, 그의 개혁 노력은 진지하게 진리를 추구하거나 유지하고자 하는 사람들을 대상으로 한 것이다. 그는 그들은 낱말이 자연히 빠지기 쉬운 불명료성, 불분명성, 모호성 없이 어떻게 자신을 전달할 수 있는지 스스로 연구할 수밖에 없다고 생각해야 한다고 주장한다(3. 11. 3. 25-29.: 509).

로크는 종종 서로 의존하는 일련의 규칙을 제시한다. 첫 번째는 낱말이 무언가를 의미할 필요가 있다는 것이다. 따라서 의미 없이 낱말을 사용하지 말아야 한다. 위에서 지적했듯이 로크는 일상적 담론과 철학적 담론 둘 다에서 이 규칙을 어기는 사람들이 있다고 생각한다(3. 11. 8. 16-31.: 512). 두 번째 규칙은 낱말에 의미를 제공하기 위해 어떤 관념을 갖는 것으로는 충분하지 않다는 것이다. 단순 관념이라면 뚜렷하고 구별되어야 하며, 복합 관념이라면 명확해야, 즉 복합 관념 안의 모든 관념들이 무엇인지 알아야 한다는 것이다. 이것은 양태 낱말, 특별히 도덕적 용어에서 중요하다. 자연 안에는 도덕적 용어가 그것으로부터 관념을 획득하는 고정된 대상이 없기 때문이다(3. 11. 9. 32-28.: 512-13).

여기서 로크는 데카르트의 분석 방법 또는 흄의 현미경과 다소 비슷한 절차를 도입한다. 흄의 경우 그 절차는 복합 관념을 들어서 그것의 모든 단순 관념들이 유래한 인상으로 역추적하는 것이다. 로크는 우리가 정의와 같은 복합 관념을 그것의 구성 요소로 환원할 수 있기를 원한다. 만약 한 부분이 뚜렷하고 구별되는 것이 아니면 전체 복합 관념은 혼란을 줄 것이다. 로크는 많은 사람이 이 요구 사항이 너무 어렵다고 거부할 것을 기대하지만, 이 요구 사항이 지켜지지 않는 한 자신의 생각에서, 그리고 다른 사람과의 논쟁에서 혼동과 불명료함의 원천이 되리라고 주장한다.

실체의 이름에 관해서, 우리는 명확한 관념을 가져야 하며, "**이름은 존재하는 그대로의 사물에 일치해야 한다**"(3. 11. 10. 31.: 513)라고 확신해야 한다는 요구 사항을 넘어설 수밖에 없다. 아마도 여기서 '일치하는'은 2권 30장에서 의미했던 것을 의미한다. 그는 거기서 이 용어를 관념을 일으키는 사물이거나 또는 관념에 대한(관념을 닮게 하는) 패턴으로 정의한다. 따라서 그런 관념은 환상적이라기보다는 실재적이다. 로크는 만약 엄밀성이 일반 대화와 일상사에까지 확대된다면 그 또한 매우 바람직한 일이라고 말한다. 그러나 이러한 의견의 방향을 바꾸어서 "통속적 개념은 통속적 대화에 적합하다. 무척 혼란스럽기는 하지만, 둘 다 시장과 축제에는 충분한 도움이 된다. 상인과 연인, 요리사와 재단사는 그들의 일상사를 신속히 처리할 낱말을 갖고 있다. 따라서 나는 만약 철학자와 논쟁자들도 이해하고 또 뚜렷하게 이해되고 싶다면 역시 그러리라고 생각한다"(3. 11. 10. 6-9. 514)라고 말한다. 따라서 우리는 특별히 철학적 담론에서 적어도 진지하게 진리를 추구하는 사람은 이 규칙들을 따를 필요가 있다는 원점으로 돌아온다.

세 번째 규칙은 우리가 낱말을 관념에 적용할 때 일반 용법을 따라야 한다는 것이다. 로크는 "특히 이미 형성된 언어의 낱말은 사적 소유물이 아니라 상업과 의사소통의 공통 척도이므로 누군가가 임의로 그 통용되는 성격을 바꾸거나 부가된 관념을 변경해서는 안 된다"(3. 11. 11. 13-16.: 514)라고 말한다. 그다음 규칙은 일반 용법이 이러저러한 이유로 실패하거나 엄밀성이 부족한 경우 새로운 낱말을 도입하거나 낡은 낱말을 새로운 방식으로 사용하는 사람은 낱말의 의미가 무엇인지 선언해야 한다는 것이다(3. 11. 12. 34-13.: 514-5).

그다음에 로크는 주제를 정의로 돌려 3권 3장에서 단순 관념은 정의를 필요로 하지 않는 반면에 혼합 양태는 정의를 필요로 하고, 실체는 어떤 경우에는 정의를 필요로 하고 다른 경우에는 그렇지 않다고 했던 의견을 끄집어낸다(3. 11. 13. 14-21.: 515). 단순 관념은 정의할 수 없으므로 우리는 누군가가 그 성질을 그 안에서 발견하는 어떤 주체에 관해 말하거나 실물 지시적으로, 즉 그 성질의 어떤 예를 실제로 지적함으로써 단순 관념의 의미를 이해하지 못하는 사람에게 그 의미를 나타내야 한다.

　로크 철학에서 도덕과 자연철학의 차이는 양태와 실체의 차이가 중요하다는 것을 보여준다. 로크는 도덕 용어는 혼합 양태이므로 엄밀하게 정의할 수 있고, 그렇기 때문에 도덕은 수학처럼 증명될 수 있다고 주장한다. 그에 반해서 자연철학은 실체에 관계하므로, 그러한 담론은 좀처럼 증명 수준에 도달하지 못한다. 실체의 경우 보여주기와 정의하기는 둘 다 필요한 것 같다.

　그 밖에 우리의 실체 관념은 사물의 본성에 상응한다고 상정되므로, 우리는 일반 용법에 안주할 수 없고 관념을 실재와 일치시키기 위해서 그 종류의 사물의 자연사를 탐구해야 한다. 한 가지 유익한 방법은 이 종류의 탐구에 종사하는 사람들이 개별 종류의 실체에서 발견한 모든 단순 관념들을 목록으로 작성하는 것이다. 이것은 더 길거나 짧은 다른 목록들이 수반하는 많은 애매함을 제거할 것이다. 로크는 사전을 만드는 것이 크게 유익하리라고 시사하지만, 아마도 비현실적일 것이라고 말한다(3. 11. 25. 7-10.: 522). 마찬가지로 그는 종종 긴 정의보다 그림이 한 낱말이 나타내는 식물이나 동물을 알리는 데 더 도움이 되듯이, 이것은 인공물과 의복에도 해당한다고 주장한다.

　다섯 번째 규칙은 애매함을 피하는 것이다. 우리는 같은 낱말을 같은 방식으로 사용해야 한다. 세상에는 많은 사물이 있으므로 우리는 같은 낱말을 한 사물 이상에 대해 사용하게 될 것 같다. 독자들은 보통 의미의 변화를 따라갈 수 있지만, 그렇지 않은 경우에는 충분한 안내를 제공하는 것이 저자의 의무다(3. 11. 26. 23-34.: 523).

질문

20. 로크는 왜 언어 개혁이 성공할 것 같지 않은 기획이라고 생각하는 가? 로크의 언어 개혁 노력은 누구를 향한 것인가?

21. 로크가 제안한 규칙들은 단순 관념, 단순 양태, 혼합 양태, 실체에 관한 그의 구별과 어떻게 관련되는가?

『인간지성론』 4권

지식

『인간지성론』 4권에서 로크는 우리에게 지식이 무엇이며, 단순히 인간이 우연히 알게 되는 것과 그렇지 않은 것이 아니라, 인간이 알 수 있는 것과 알 수 없는 것이 무엇인지 말한다. 로크는 지식을 "관념의 결합과 일치, 또는 불일치와 모순에 대한 지각"(4. 1. 2.: 525)으로 정의한다. 지식에 관한 이 정의는 『성찰』 3부에서 데카르트가 확실한 지식을 "내가 뚜렷하고 구별되게 생각하는 것은 무엇이든지 참"(데카르트: 87)이라고 정의한 것과 뚜렷한 차이를 보인다. 지식에 관한 로크의 설명은 그가 우리의 실체 관념이 항상 실체 일반의 불명료하고 상대적인 관념을 포함한다는 사실에도 불구하고 우리는 실체를 알 수 있다고 말할 수 있게 한다. 하지만 지식에 관한 로크의 정의는 우리가 지각과 언어에서 본 문제들과 비슷한 문제를 일으킨다. 만약 지식이 우리 관념들의 일치 또는 불일치에 관한 지각이라면, 우리는 자신의 관념 범위 안에 갇히게 되지 않을까? 사물의 실재적 존재를 아는 것에 관해서는 어떤가? 로크는 이 문제를 분명히 알고 있고, 4권의 여러 곳에서, 특히 4장과 5장에서 이 문제를 중점적으로 다룬다.

우리는 지식에 관한 로크의 설명이 어떻게 현대 철학에서 제기된 설명과 비교되는지 의아하게 생각할 수도 있다. 예를 들어, 그것은 지식을 정당화된 참인 신념이라고 설명하는 현대판 설명인가? 이 설명에 따르면 (X는 사람이고, P는 명제인 경우) (1) P가 참이고, (2) X가 P를 믿으며, (3) X가 P를 믿는 것이 정당화되는 경우에만 X는 P를 안다. 이에 대한 지식에 관한 로크의 설명은 알려지는 것은 참이고 그것에 대한 믿음을 요구하지만 그의 정당화 설명은 확실성을 요구하는 반면에, 오늘날 정당화된 참인 신념을 옹호하는 대부분의 지지자가 제시하는 정당화 설명은 상당히 더 약해지고, 따라서 로크가 개연성이라고 부르는 것 중 많은 것을 지식으로 여기게 하리라는 것이다. 하지만 로크가 단순히 지식에 관한 필요충분조건을 제시하려고 시도하고 있는 것은 아니다. 오히려 지식 정의에 더하여 그는 우주의 존재 방식과 함께, 어떤 경우에는 지식을 가능하게 하고 다른 경우에는 불가능하게 하는, 우리가 갖고 있거나 그렇지 못한 능력과 힘이 무엇인지 결정하려고 시도하고 있다. 이것은 지식 정의만을 목표로 하는 탐구보다 더 깊고 더 흥미로운 탐구다.

관념의 일치와 불일치 종류

4권 1장 첫 부분에서 지식을 정의하고 나서 로크는 관념의 일치와 불일치 종류를 열거하고, 그다음에 "마음이 진리를 소유하는 방식은 다양한데, 이 각각의 방식은 **지식**이라 불린다"(4. 1. 8. 30-31.: 527)라고 말한다. 일치와 불일치의 네 종류는 (1) 동일성과 상이성, (2) 관계, (3) 공존 또는 필연적 결합, (4) 실재적 존재다. 로크는 관념이 자체와 동일하고 다른 관념과 서로 다르다는 것을 결정하는 마음의 능력은 절대적으로 근본적이라고 주장한다. 이 능력이 없다면 "지식도, 추리도, 상상도, 구별되는 생각도 있을 수 없다."(4. 1. 4. 4-5.: 526) 로크는 이 능력—동일성의 재귀적 특성 또는 무모순 법칙 같은 일반적 형식화—은 주어질 수 있지만, 이 형식화는 단순히 흰 관념과 검은 관념 같은 개별 관념들을 구별하는 마음의 능력으로부터 나오는 일반화다. 우리는 그가 이미 1권에서 이 주제를 언급했으며, 거기서 이 공리는 본유적이 아니라고 주장하고, 그가 여기서 되풀이하고 있는 적극적 설명을 제시했다는 것을 주목해야 한다. 이것은 4권에서 스콜라 철학의 공리에 반대하는 로크의 첫 번째 일제 사격이다. 그는 4권 7장에서 명확히 이것을 다룬다.

관계는 "실체 관념이든 양태 관념이든 종류를 불문한 **두 관념 간의 관계의 지각**"(4. 1. 5. 28-29.: 526)이다. 여기서 로크가 유념하는 것은 한 개별 관념이 그 자체와 동일하며, 다른 관념과는 서로 다르다는 것을 알 수 있음을 넘어서는 다음 단계다. 이제 우리는 관념들이 일치하고 불일치하는 방식을 보기 위해 관념을 비교하고 있다. 다시 한번 로크는 이 능력이 없다면 우리는 결코 지식을 가질 수 없었을 것이라고 주장한다. 지식에 관한 그의 정의를 인정한다면 이것은 명백히 옳다.

일치나 불일치의 세 번째 종류는 단일한 주체 안에 있는 특성들의 공존 또는 필연적 연관성이다. 이 종류의 지식은 주로 실체에 관련되며, 문제는 어떤 관념들이 명목적 본질을 결정하는 특정 집합 안에 항상 있느냐다. 로크는 금의 예를 제시하는데, 여기서 응고성(불에서 소실되지 않고 남을 수 있는 힘)이 "노랑이나 무거움, 가용성, 유연성, **왕수** 안에서의 용해성을 지닌 개별 종에 항상 동반하고 결합하는 관념이며, 이러한 것들이 바로 **금**이라는 말로 나타내는 복합 관념을 구성한다."(4. 1. 6. 5-8.: 527) 아마도 이러한 종류의 관념의 일치와 불일치를 지각하는 것이 우리에게 실체의 명목적 본질에 관한 지식을 가져다

줄 것이다.

　마지막으로 7절에서 그는 네 번째 종류의 지식을 언급한다. 이것은 어떤 관념에 일치하는 현실의 실재적 존재에 관한 지식이다. 아마도 만약 우리가 흄이 인상과 관념을 구별하는 것을 채택한다면, 문제는 우리가 어떻게 인상이 우리 외부의 대상에서 오며 그것과 상응한다는 것을 아느냐는 것이다. 로크는 2장 14절, 그러고 나서 다시 11장에서 이 주제로 돌아간다.

　로크는 마음이 진리를 소유하는 여러 방식으로 주제를 바꿔서 현실적 지식과 습관적 지식을 구별한다. 현실적 지식은 마음이 관념의 일치나 불일치 또는 서로 간의 관계를 보는 상태다. 대조해보면 습관적 지식은 그 안에서 누군가가 한 명제를 구성하는 관념들의 일치 또는 불일치를 보았던 지식이다. 따라서 그가 명제를 회상할 때마다 그는 "아무런 의심이나 주저함이 없이 올바른 쪽을 포착하여 명제에 동의하고 명제의 진리성을 확신하는 그러한 명제를 안다."(4. 1. 8. 2-4.: 528) 로크는 통상 습관적 지식에는 두 가지 등급이 있다고 말한다. 첫 번째는 관념들의 일치 또는 불일치가 기억에 보전되는 경우다. 로크는 이것은 우리의 모든 직관적 지식에 해당한다고 주장한다. 두 번째 등급은 증명적 지식과 관계가 있다. 이 경우에 우리는 증거에 의해서 한 명제의 진리를 확신했고, 지금은 증거 없이도 진리의 확신을 유지한다. 숙고한 끝에 로크는 이것이 여전히 지식으로 여겨져야 한다고 생각한다.

질문

1. 지식에 관한 로크의 설명은 무엇이며, 그것은 지식을 정당화된 참된 믿음이라고 설명하는 것과 어떤 방식으로 비슷하며, 또한 어떻게 다른가?

2. 관념들의 일치 또는 불일치의 네 종류는 무엇이며, 지식에 관한 로크의 설명과 어떻게 관련되는가?
3. 로크에게 현실적 지식과 습관적 지식의 차이는 무엇인가?

직관적·증명적·감각적 명증성

2장에서 로크는 우리에게 직관적·증명적·감각적 지식을 설명한다. 이러한 지식의 서로 다른 종류는 관념의 일치나 불일치를 지각하는 서로 다른 방식을 가진 마음에서 비롯한다. 이러한 지각의 서로 다른 방식은 서로 다른 명증성의 등급을 제공한다. 직관적 지식은 "두 **관념** 간의 일치 또는 불일치 자체를 다른 **관념**의 개입 없이 직접"(4. 11. 1. 29-1.: 530-1) 지각하는 마음을 필요로 한다. 로크는 이 경우 마음은 마치 눈이 빛을 지각하듯이 손쉽게 진리를 지각한다고 말한다. 이런 종류의 지식은 "인간의 연약함이 가질 수 있는 가장 명백하고 확실한 지식이다."(4. 2. 1. 9-10.: 531)

증명적 지식은 확실성의 두 번째 등급이다. 증명적 지식의 효력은 직관적 지식에 의존한다. 이 경우 우리는 두 관념을 보지만 관념 간의 일치 또는 불일치를 즉시 볼 수 없다. 이에 대한 해결책은 두 관념을 연관시키고 일치나 불일치를 나타내는 다른 관념들을 발견하는 것이다. 하지만 각각의 매개 관념은 원래의 관념들 또는 관념의 연쇄에서 연결 고리들과 직관적으로 연관되어야 한다. 그러한 매개 관념을 찾는 것은 **추리**라고 불린다. 두 관념의 일치 또는 불일치를 증명하는 관념들의 연쇄는 **증거**다. 일치 또는 불일치의 증거가 "확실하고 뚜렷하게 지각되는 경우 우리는 이를 **증명**이라 부른다."(4. 2. 3. 20-21.: 532) 이 종류의 지식은 두 번째 등급에 속하는데, 그 이유는 그 명증성이 "직관적 지식에서처럼 그렇게 뚜렷하거나 분명하지 **않고** 동의 또한 그렇게 즉각적이지 **않기**"(4. 2. 4. 26-27.: 532) 때문이다. 증명적 지식은 작업, 꾸준한 적용과 추구, 노력과 주목을 필요로 한다. 또 다른 차이점은 증명적 지식은 얻기 전에 의심을 하지만, 직관적 지식에서는 이러한 의심이 마음에 생길 수 없다는 것이다. 게다가 일련의 긴 증거는 직관적 지식에는 해당하지 않는 방식으로 잘못과 실수를 저지르기 쉽다.

공리에 관한 그의 다음 언급이 있는 4권 2장 8절(534)에서 로크는 모든 추리는 이전에 알려진 원리들에서 온다는 잘못된 주장은 증거에서 각 등급과 그다음 등급 간 연관성에 관한 직관적 지식을 가질 필요에서 유래했을 가능성이 아주 높다고 말한다. 4권 7장에서 그는 또다시 우리를 명제와 공리에 관한 논의에 주목하게 한다.

또한 로크는 사람들이 종종 수학만 증명적 확실성을 가질 수 있다고 생각하는데, 그렇지 않다고 말한다. 그는 "어떤 두 관념이 매개 관념과 갖는 일치나 불일치에 대한 직관적 지각에 의해 서로의 일치나 불일치가 지각되는 경우 마음은 증명을 가질 수 있으므로, 증명은 연장, 도형, 수와 이것들의 양태 관념에 제한되지 않는다"(4. 2. 9. 1-5.: 535)라고 주장한다. 예를 들어 이 종류의 추리는 색깔에 관해서는 더 어렵지만, 색깔이 서로 뚜렷하고 구별되는 것일 경우 우리는 그것에 관한 증명을 할 수 있다. 마찬가지로 이것은 다른 제2성질과 그것의 양태에도 해당한다(4. 2. 13. 30-35.: 536).

4권 2장 14절(9-14.: 537)에서 로크는 4권 1장 7절에서 제기했던 감각적 지식에 관한 쟁점으로 되돌아간다. 우리가 관념을 갖는다는 것은 직관적으로 뚜렷하다. 그러나 때때로 "그러한 사물이 존재하지 않아서 그 어떤 대상도 우리의 감각기관에 영향을 미치지 않은 경우에도 우리 마음은 그러한 **관념**을 가질 수 있을지도 모르는" 경우가 있으므로, 우리는 관념을 갖는다는 것으로부터 관념에 상응하는 대상이 있다는 것을 어떻게 추론할 수 있는가? 이에 대한 대답에서 로크는 "구별되는 두 관념 사이에 큰 차이"(4. 2. 14. 22.: 537)가 있는 것만큼 낮에 지각된 태양 관념과 밤에 회상된 태양 관념, 낮에 맛본 쓴쑥과 나중에 회상된 쓴쑥 사이에 큰 차이가 있다고 주장함으로써, 흄이 관념과 인상을 구별한 것에 해당하는 구별을 한다.

로크는 계속해서 우리는 관념을 일으키는 외부 대상이 없이도 직관적으로 뚜렷한 관념을 사실상 단순히 갖고 있다는 데카르트의 꿈 가설을 화제로 채택한다. 로크는 그 대답으로 여러 의견을 말한다. 그중 첫 번째는 꿈에서 추리와 논증은 소용이 없으며, 따라서 진리와 지식은 아무것도 아니라는 것이다. 이것은 대단히 옳게 보인다. 둘째, 그는 꿈과 깨어 있음 사이에는 또 다른 뚜렷한 차이가 있음을 지적한다. 당신이 깨어 있는 상태에서 자신이 불 속에 있음을 발견할 때 당신은 고통스럽게 불에 타고 있을 것 같다. 만약 당신이 불 속에 있는 꿈을 꾸고 있다면, 당신은 똑같은 고통 감각을 갖지 않을 것이다. 이것은 통찰력 있는 주장이다. 로크는 계속해서 만약 회의주의자가 아무런 차이가 없으며, 우리가 통상 깨어 있는 상태에서 불에 타고 있음과 연합하는 강렬한 고통 관념조차 실제로 꿈이라고 주장하기로 결심한다면, 사실상 우리에게 중요한 꿈과 깨어 있음의 차이는 없다고 말한다. 여기서 누군가는 로크가 제시하는 대답과 비트겐슈타인주의 철학자 부스마(O. K. Bou-wsma)가 '감각기관에 관한 데카르트의 회의주의'에서 하는 주장 또는 '데카르트의 사악한 악마'에서 부스마가 하는 비슷한 주장을 비교할지도 모른다. 로크는 우리는 우리가 아는 사물의 범주에 감각적 지식을 추가할 수 있다고 결론 내린다.

마지막으로 로크는 만약 우리가 일치 또는 불일치를 지각하는 관념들이 불명료하다면 그에 상응하는 우리 지식 또한 불명료한지 그렇지

않은지를 묻는다. 만약 불명료하게 한다면 지식에 관한 로크의 설명은
데카르트의 설명과 동일하게 될 것이다. 놀랍지 않게도 로크는 이것은
사실이 아니라고 주장한다. 그는 만약 관념이 혼란스러우면 마음이 뚜
렷하게 지각할 수 없기 때문에, 사실상 관념의 뚜렷함과 구별됨은 지식
의 필요조건이지 충분조건이 아니라고 주장한다. 그러나 관념은 뚜렷
하고 구별될 수 있지만, 뚜렷하고 구별되는 지각은 없다.

질문

4. 직관적 지식은 무엇인가?
5. 증명적 지식은 무엇인가? 직관적 지식과 증명적 지식은 어떻게 관
   련되는가?
6. 왜 로크는 증명할 수 있는 것이 수학만은 아니라고 주장하는가?
7. 감각적 지식은 무엇인가?
8. 감각적 지식이 있다는 주장을 옹호할 때 로크는 데카르트의 꿈 가설
   을 거부한다. 왜 꿈 가설이 감각적 지식을 위협하며, 로크가 그것을
   거부하는 이유는 무엇인가?
9. 만약 로크가 회의적 논증을 심각하게 여기지 않는다면, 왜 감각적
   지식은 그렇게 제한되는가?
10. 로크가 뚜렷하고 구별되는 관념이 지식의 필요조건이라고 허용할
    때 데카르트주의자들에게 너무 많이 양보하는 것인가? 그의 설명
    에 따르면 이것은 실체에 관한 지식에 어떤 영향을 주는가?

우리 지식의 범위

어떤 점에서 인간 지식의 범위에 관한 논의는 『인간지성론』의 전체 기
획의 정점이다. 지식의 정의, 지식의 종류와 등급에 관한 논의로부터

로크는 인간 지식의 범위에 관한 일련의 의견을 말한다. 첫째, 지식은 관념의 일치 또는 불일치에 관한 지각이므로, "우리는 우리가 갖고 있는 **관념들** 이상으로 **지식**을 가질 수 없다."(4. 3. 1. 28.: 538) 관념 일치에 관한 지각은 직관과 증명에 의존하거나 또는 감각에 의존하므로, 우리는 우리의 모든 관념으로 확장하는 직관적이거나 증명적인 지식을 가질 수 없다. 감각적 지식은 "감각기관에 실제로 주어지는 사물의 존재 이상으로 미칠 수 없으므로 앞의 그 어떤 것보다도 훨씬 범위가 좁다."(4. 3. 5. 28-30.: 539) 이 모든 것으로부터 우리 지식의 범위는 '사물의 실재'나 우리 자신의 관념의 한계에도 이르지 못한다(4. 3. 6. 32-33.: 539)는 것이 도출된다. 아마도 천사 같은 다른 피조물은 우리가 소수의 그리 예리하지 않은 감각기관에 한정되어 있기 때문에 갖게 된 지식보다 훨씬 더 광범위한 지식을 가질지도 모른다. 하지만 로크는 만약 우리 지식이 우리 관념의 한도까지 도달할 수 있고, 우리가 가진 관념에 관해 거의 의심하지 않고 생각을 너무 많이 쏟지 않는다면, 우리는 탁월한 상태에 있게 되리라고 주장한다. 그러나 이것은 우리의 상황이 아니다. 그럼에도 인간의 지식은 크게 확장될 수 있다고 로크는 주장한다. 만약 사람들이 "일단 자신들이 관여하는 이론 체계나 이해관계, 당파를 유지하기 위해 거짓을 치장하거나 지지하는 데 사용하는 모든 사유의 근면과 노력을 정신적 자유를 누리면서 중심으로 진리 발견의 수단을 개선하는 일에 사용한다면"(4. 3. 6. 11-15.: 540), 그게 가능할지도 모른다. 그러고 나서 로크는 아마도 우리는 우리가 갖고 있는 관념에 관한 어떤 쟁점들을 해결하지 못할 것이라는 주제로 되돌아간다(4. 3. 6. 15-19.: 540).

그가 제시하는 첫 번째 예는 원을 정사각형으로 만드는 수학적 문제다. 이것은 수학자들이 이미 불가능한 일이라고 결론 내렸기 때문에 정말로 나쁜 예다. 따라서 이것은 불일치를 끝내기 위해서 인간 지식의 한계를 정하는 로크의 기획이 그 안에서 작동했던 질문들 가운데 하나인데 로크는 이것을 알지 못했다. 만약 회의주의자가 당신은 이 사각형과 동일한 면적을 가진 원이 있는지 없는지 결코 알 수 없다고 말한다면, 올바른 대답은 '당신이 정말 옳다. 우리가 알 수 있는 것에 관해서 이야기해보자'가 될 것이다.

두 번째 예는 생각하는 물질의 예다. 로크는 우리가 '생각'과 '물질' 관념을 갖고 있지만, 아마도 우리는 신이 "적당하게 배열된 어떤 물질 체계에 지각하고 생각하는 능력을 부여하지 않았는지, 아니면 그렇게 배열된 물질에 어떤 생각하는 비물질적 실체를 연관시키고 고정시켰는지"(4. 3. 6. 26-1.: 540-1) 결코 알 수 없으리라고 주장한다. 로크는 계속해서 전자의 가능성을 생각하기는 후자의 가능성을 생각하기만큼 어려우며, 그는 신이 물질적이라는 데서 모순을 볼 수 있는 반면에, 물질에 사고력을 더 보태는 비물질적인 신에서는 모순을 볼 수 없다고 주장한다. 이 예는 18세기에 돌발적으로 갑자기 떠올랐고, 이후 약 100년 동안 격론을 불러일으켰다. 이 논쟁에 관해서는 욜턴(1983), 폭스(Fox), 마틴(Martin), 바레시(Barresi)를 포함한 다수의 훌륭한 설명이 있다.

물질이 생각할 수 있는지 없는지에 관한 로크의 불가지론이 함축하는 것은 영혼의 비물질성에 관한 증거가 전혀 없다는 것이다. 로크는 이 점에 대해 조금도 평정을 잃지 않는다. 그는 "도덕과 종교의 모든 위대한 목적은 영혼의 비물질성에 대한 철학적 증명 없이도 충분히 보장된다"(4. 3. 6. 6-8.: 542)라고 주장한다. 이 학설은 죽은 자의 부활과 뒤따라올 처벌이나 보상을 설명할 필요가 없다. 따라서 쟁점을 이런저런 방식으로 결정해야 할 필연성이 없다. 그래서 2권 27장의 인격 동일성에 관한 로크의 설명과 이 부분이 서로 연관된다. 거기서 로크는 단순하거나 복합적이거나, 물질적이거나 비물질적이거나 간에 어떤 종류의 실체가 인격을 구성하는지 문제가 되지 않는다고 주장한다.

4권 3장 7절에서 우리 지식의 범위에 관한 쟁점으로 되돌아온 로크는 4권 1장에서 확인했던 네 종류의 관념의 일치와 불일치를 다룬다. 여기서 우리는 우리가 아는 것과 알지 못하는 것에 관한 좀 더 상세한 설명을 읽을 수 있다. 동일성에 관해서 로크는 우리는 우리의 모든 관념이 그 자체와 동일하며 다른 모든 것과는 서로 다르다는 직관적 지식을 갖는다고 주장한다. 따라서 동일성에 관한 우리 지식은 우리 관념만큼 넓다. 이것은 정보를 주는 동일성의 경우를 고려하지 않은 것처럼 보인다. 나는 키케로(Cicero)의 관념과 툴리우스(Tullius)의 관념을 가지고 있지만 키케로가 툴리우스라는 것을 알지 못할지도 모른다. 내가 키케로가 툴리우스라는 것을 알 때 나는 내가 전에 알지 못했던 것을 배우고 있는 것이다. 이에 대한 로크의 반응은 정보를 주는 그러한 동일성은 어떤 형태의 증명을 필요로 하며, 따라서 여기서 목록에 올려서는 안 된다는 것이었을지도 모른다. 사실상 로크는 그가 정보를 주는 동일성 명제를 믿지 않는다고 뒤에서(4. 8. 3. 3-8) 말하려고 한다.

특성들의 공존에 관한 관념의 일치와 불일치에 대한 우리 지식에 관해 우리는 거의 알지 못한다고 판명된다. 로크는 여기서 우리 지식은 "미미한" 반면에, 그것은 "실체에 관한 우리 지식의 가장 크고 가장 중요한 부분으로 이루어져 있다"(4. 3. 9. 6-7.: 544)라고 말한다. 종에 관한 우리 관념은 한데 뭉친 관념의 집합이며, 우리가 실체에 관해 좀 더 알기 원할 때 우리는 그 실체 안에 어떤 특성이 공존하는지 다시 묻고 있는 것이다.

특성의 공존에 관한 우리 지식이 왜 그렇게 제한되는지 몇 가지 이유가 있다. 불행하게도 특성에 관한 우리 관념의 대부분은 서로 가시적이고 필연적인 연관성이 없다. 둘째, 특성 관념의 대부분은 "실체의 미세하고 감지할 수 없는 부분들의 제1성질들에 (이미 보았듯이) 전적으로 의존하므로, 만약 이것들에 의존하지 않는 것이라면 우리의 인식능력과는 더욱더 멀리 떨어져 있는 무언가에 의존하는" 제2성질의 관념이기 때문에, "우리로서는 제2성질에 대한 관념들이 서로 필연적으로 연관되어 있는지 불일치하는지를 알 수 없다."(4. 3. 11. 29-33.: 544) 로크가 실체에 관한 우리 경험의 원인이 되는 "우리의 인식능력과는 더욱더 멀리 떨어져 있는 것"이 있을지도 모른다고 허용하고 있기 때문에, 이 특별한 형식화는 흥미롭다. 그다음 300년이 넘는 기간에 이루어진 물리학의 진보를 인정한다면, 이것은 로크가 제시하는 가장 선견지명이 있는 형식화인 것처럼 보인다. 마지막으로, 제2성질의 원인이 되는 제1성질과 제2성질 관념 사이의 연관성은 전혀 발견할 수 없다.

제1성질의 경우 우리는 어떻게 "한 물체의 크기와 모양, 운동이 다른 물체의 크기와 모양, 운동의 변화를 일으키는지"(4. 3. 13. 16-17.: 545) 생각할 수 있다. 한 물체의 부분이 다른 한 물체의 침입에 의해 분리되고, 충격을 통해 정지 상태에서 운동 상태로 변화하는 것은 서로 어떤 연관성을 갖고 있는 것처럼 보이게 한다. 만약 우리가 입자에 관해 좀 더 많이 안다면 우리가 발견할 수 있는 것이 훨씬 더 많을 것이다. 그러나 제1성질과 제2성질의 연관성의 경우에는 그렇지 않다. 로크는 계속해서 우리는 부분들의 어떤 크기, 형태나 운동이 "노란색이나 단맛, 날카로운 소리를 산출하는지를" 결코 알 수 없으며, "따라서 어떻게 해서 입자들의 **크기**, **형태**나 **운동**이 **색깔**이나 **맛**, **소리**와 같은 관념을 우리에게 산출할 수 있는지 전혀 알 수 없다. 우리가 생각할 수 있는 양자의 **연관성**은 없다"(4. 3. 13. 30-34.: 545)라고 말한다. 여기서 로크는 이원론자와 새로운 이원론자가 주장해왔던 한 가지 문제는 마음에 관한 유물론자의 설명이 극복할 수 없는 장애라고 선언하고 있다. 이것은 때때로 **특질** 또는 주관적 인간 경험의 문제라고 불린다. 따라서 특성의 공존에 관해 우리 지식은 단지 우리 경험보다 약간 멀리 미친다. 경험은 항상 개별자에 관한 것이다. 만약 우리가 우리 경험을 넘어서 일반화하려고 한다면, 특성들 간의 필연적 연관성을 파악할 필요가 있으며, 위에 제시된 이유에도 불구하고 로크는 우리가 이와 함께 아주 멀리 가지 않으리라고 생각한다.

4권 3장 15절에서 로크는 "공존의 양립 불가능성 또는 모순"을 탐구한다. 이것은 그가 어느 관념이 함께 공존할 수 없는지 알기를 원한다는 것을 의미한다. 여기서 그는 우리가 제1성질의 각 주체는 한 번에 오직 하나의 개별적인 명확한 제1성질을 가질 수 있음을 알지도 모른다고 지적한다. 따라서 이 벽은 특정한 장소와 특정한 시간에 예를 들어 6피트라는 특정한 높이를 가지며, 동일한 장소와 동일한 시간에 어떤 다른 높이를 가질 수 없다. 각각의 제2성질에도 똑같이 해당한다.

16절에서 로크는 다른 물체의 감각적 성질을 변화시키는 실체의 힘(제3성질)을 다룬다. 로크는 또다시 이 경우에 우리 지식은 우리 경험을 넘어서 멀리 미치지 못한다고 주장한다. 문제는 똑같다. 우리는 실체의 능동적인 힘과 수동적인 힘이 의존하는 부분의 조직과 운동을 알지 못한다. 또한 우리는 그것을 발견할 수 있을 것 같지도 않다. 여기서 로크는 입자 가설이 물체의 성질을 설명하는 데 가장 탁월하다고 생각한다고 말한다. 그러나 이것이 사실이든 아니든, 우리가 채택하는 가설이 무엇이든지 간에, 우리가 물체의 어떤 성질이 서로 필연적으로 연관되며 어느 성질이 양립 불가능한지 결정할 수 있기 전까지는, 물질적 실체에 관한 우리 지식은 아주 많이 진보할 것 같지 않다. 이 특정한 영역에서 우리는 경험에 의존해야 하며, 우리는 다른 사람들(여기서 로크는 연금술사를 언급한다)은 그렇게 하지 못했어도 몇몇 능숙한 사람들의 작업에 의해 그 지식이 향상될 수 있음을 본다.

만약 우리가 물체의 힘과 작용에 관해 알지 못한다면, 정신에 관해서는 훨씬 더 알지 못한다는 것은 명백하다. 여기서 우리는 자신에 관해 가진 관념 이외에 다른 관념을 갖지 못한다. 그 결과 우리가 할 수 있는 것은 자신을 유비로 사용하고, 정신이 신에 이르기까지 나아간다고 상상하는 것이다(3. 6. 11.: 445-6, 4. 3. 27.: 557-8).

이제 로크는 관념의 일치나 불일치의 세 번째 종류, 공존이 아닌 관계의 일치나 불일치를 탐구한다. 이것은 우리 지식에서 가장 넓은 분야이므로 얼마나 확장될 수 있는지 결정하기 가장 어렵다. 문제는 우리가 인간의 창의력이 소원한 두 관념을 연관시킬 매개 관념을 어디서 찾을 수 있을지 알지 못한다는 것이다. 로크는 대수학을 모르는 사람은 대수학이 성취할 수 있는 경이를 상상할 수 없다고 말한다. 또한 그는 증명이 수학 이외의 다른 영역에서도 이루어질 수 있다고 생각한다. 여기서 로크는 우리가 신과 자신에 관한 뚜렷한 관념을 가지기 때문에, **도덕을 증명 가능한 학문 가운데** 놓는 것처럼 우리의 의무와 행동 규칙의 **토대**"(4. 3. 18. 16-17.: 549)로서 이 관념들을 사용할 수 있을 것이라고 시사한다. 로크가 증명될 수 있다고 생각하는, 정의와 정부에 관한 다른 유사한 명제들이 있다. 18-20절에서 로크는 계속해서 왜 자신이 도덕이나 다른 것보다 양이 더 증명할 수 있는 것으로 여겨져 왔다고 생각하는지 설명한다. 4권 3장 21절에서 로크는 지식의 네 번째 종류, 사물의 실재적이고 현실적인 존재에 관한 지식을 다룬다.

실재적 존재에 관한 우리 지식에 대해서 로크는 "우리는 우리 자신의 존재에 관해서는 직관적 지식을 갖고 있고, 신의 존재에 관해서는 증명

적 지식을 갖고 있으며, 그 밖의 사물 존재에 관해서는 감각적 지식 이
상의 것을 갖고 있지 않다. 이 지식은 감각기관에 현전하는 대상을 넘
어서지 못한다"(4. 3. 21. 36-4.: 552-3)라고 주장한다. 앞의 두 가지는
데카르트가 『성찰』(데카르트: 73-159)에서 도달했던 결론과 현저하게
비슷하다. 차이점 또한 계몽적이다. 데카르트는 자기 자신을 안다는 주
장과 유사한 방식으로 그의 본질이 생각하는 사물일 것임을 안다는 주
장으로 시작한다. 로크는 탁월한 이유를 대면서 생각하는 사물이라는
데카르트의 주장을 거부한다. 마찬가지로 둘 다 물체에 관한 우리 지식
은 제한적이라고 주장하는 반면에, 데카르트는 우리가 물체의 본질에
관한 본유적인 지식을 가지며, 뚜렷하고 구별되는 물체 관념이 수학에
의해 모형이 만들어질 수 있는 한 그 관념을 가질 수 있다고 생각한다.
물질적 물체의 존재는 훨씬 더 미심쩍으며, 이것에 관한 우리 지식은
궁극적으로 우리를 속이지 않는 신의 자비에 의존한다. 감각적 지식에
관한 로크의 설명은 데카르트가 꿈과 사악한 악마 가설의 정합성을 수
용하는 것과 현저히 다르게 회의주의에 대한 단호한 거부를 포함한다.

22-30절에서 로크는 우리 무지의 어두운 측면을 다루고 설명한다.
그 내용을 아주 상세히 다룰 필요는 없을 것이다. 우리 지식과 그 범위
를 설명할 때 로크는 우리 무지의 원인이 되는 사실상 모든 요소들의
목록을 부득이하게 이미 만들었다. 하지만 로크는 우리 무지의 범위를
명확하게 하기 위해서 자신이 우리가 거주하는 우주의 광대한 범위와
화려함을 아주 조그마한 장소로 여긴다는 것을 보여준다는 점에 주목
할 만한 가치가 있다.

31절에서 그는 이제 우리 지식의 범위를 측정하는 다른 매개 변수,
즉 보편성을 고찰하겠다고 선언한다. 사물은 추상적인 한에서만 보편
적임이 밝혀진다. 따라서 우리는 우리 자신의 추상 관념을 관조함으로

써만 본질을 안다. 다른 한편 존재는 경험에 의해 알려진다.

질문

11. 관념의 범위는 어떻게 인간의 지식을 제한하는가?

12. 지식의 등급을 직관적, 증명적, 감각적인 것으로 구별하는 것이 왜 관념의 범위가 정한 한계 너머로 인간 지식이 도달하는 범위를 훨씬 더 좁히는가?

13. 4권 3장 6절에서 로크는 우리가 해결할 수 없을 것 같은 우리 자신의 관념에 관한 쟁점의 예를 제시한다. 이것은 무엇인가?

14. 당신은 물질이 생각할 수 있다는 가설이 신이 육체에 비물질적인 영혼을 연관시킬 수 있다는 가설만큼 그럴듯하다는 로크의 주장에 동의하는가?

15. 4권 3장 7절에서 로크는 4권 1장에서 확인했던 네 종류의 일치와 불일치로 되돌아간다. 이제 그는 우리가 알 수 있는 것과 알 수 없는 것에 관한 더 세부적인 설명을 우리에게 제시한다. 그렇다면 그는 우리가 알 수 있는 것과 알 수 없는 것이 무엇이라고 생각하는가?

16. 로크는 제1성질이 우리 안에 특별한 주관적 경험의 원인이 되는지 생각할 수 없다는 문제가 어떻게 마음에 관한 유물론적 설명에 장애가 된다고 생각하는가? 아니면 그것이 유물론자와 이원론자의 모든 이론에 비슷하게 적용된다고 생각하는가?

17. 로크는 물질적 실체의 특성과 힘의 공존에 관한 우리의 지식에 대해 지나치게 회의적이었다는 것이 명백하다. 로크는 어디서 옳았고 어디서 틀렸는가?

지식의 실재성

4권 4장에서 로크는 관념과 실재의 관계라는 쟁점을 채택한다. 그는 지식을 우리 관념의 일치 또는 불일치에 관한 지각으로 정의했기 때문에, 관념과 실재의 관계는 결정적으로 중요한 것이 된다. 만약 우리 관념이 실재와 아무런 관련성이 없다면, 로크가 말하듯이 "사물이 실제로 어떠한가는 문제가 되지 않는다. 인간은 단지 자신의 상상들 간의 일치를 관찰하고 그에 부합하도록 말하므로 모두가 진리이고 모두가 확실한 지식이다. 이러한 공중누각이 유클리드의 증명과 같은 정도로 확고한 진리의 보루일 것"(4. 4. 1. 4-8.: 563)이기 때문이다. 또 다른 문제는 로크가 정합적인 지식론을 가진 것처럼 보인다는 것이다. 그러나 필요한 것은 단지 정합성이 아니라, 대응이다. 그 대응은 어디에 있는가?

2절에서 로크는 그 문제를 진정한 것으로 받아들인다. 3절에서 그는 그것을 다시 언급한다. 마음은 사물을 직접 알지 못하며, 관념의 개입에 의해서만 안다. 우리의 지식은 "관념과 사물의 실재성이 서로 합치되는" 경우에만 실재적이다. "그러나 여기서 기준은 무엇인가? 마음이 자신의 관념 이외에는 아무것도 지각하지 않는다면 관념들이 사물 자체와 일치한다는 것을 마음은 어떻게 알 수 있는가?"(4. 4. 3. 29-32.: 563) 이와 같이 로크는 그가 말브랑슈한테서 불평했던 것과 동일한 문제를 자신이 갖고 있다는 것을 알며, 매키가 말했던 것처럼 로크는 자기가 그 문제를 해결할 자원을 갖고 있다고 생각한다. 그러면 우리는 어떤 관념이 실재에 합치한다는 것을 알 수 있는가?

첫째, 로크는 우리 자신이 만들 수 없는 단순 관념이 있다고 말한다. 단순 관념은 "우리에게 실제로 작용하는 외부 사물의 자연적이고 규칙적인 산물이다. 따라서 단순 관념은 의도되거나 우리의 현 상태가 요구하는 모든 합치를 수반하고 있다."(4. 4. 4. 5-7.: 564) 로크는 '합치'라는 용어를 2권 30장에서 실재적 관념과 환상적 관념을 논의할 때 사용했던 것만큼이나 많이 사용하고 있다. 따라서 제1성질은 그것의 원인이 되는 사물과 유사하지만 제2성질은 그렇지 못하기는 해도, 제2성질의 관념은 제1성질의 관념이 그런 것과 마찬가지로 실재에 합치한다. 그리고 로크는 "우리의 단순 **관념**과 사물 존재 사이의 이러한 합치는 실재적 지식의 성립을 위해서는 충분하다"(4. 4. 4. 15-16.: 564)라고 말한다.

우리가 실재에 합치한다고 확신할 수 있는 관념의 두 번째 집합은 실체 관념을 제외한 우리의 모든 복합 관념이다. 이것이 양태 관념이다. 이 관념은 어떤 사물을 모사하도록 의도되지 않으며, "그 기원상 사물 존재를 지시하는 것이 아니므로 **실재적 지식에 필요한 그 어떤 합치도 결여할 수 없다.**"(4. 4. 5. 19-20.: 564) 이 경우에 사물은 사물을 재현하는 관념보다는 이 관념에 합치하므로, "우리는 의심할 수 없는 실재를 놓칠 수 없다"(4. 4. 5. 34-35.: 564).

그러한 양태 관념의 첫 번째 예는 수학이다. 로크는 이 경우에 우리는 마음속에만 있을지도 모르는 관념에 관한 실재적 지식을 우리가 갖는다는 것을 의심하지 않는다고 주장한다. 실제로 존재하는 사물이 이 관념과 일치하는 한, 우리는 그 사물에 관한 참된 지식도 마찬가지로 가질지도 모른다. 우리의 도덕적 지식 역시 유사한 이유로 실재적 지식일 수 있다. 로크는 3권 11장 16절에서 이러한 의견을 주장한 바 있다.

독자들은 양태에 관한 모든 논의가 대상의 실재적 본질에 대한 물음을 대체로 회피했다고 반대하는 경향이 있을지도 모른다. 로크는 4권 4장 8절에서 독자들에게 이 반대 의견을 제시한다. 그의 응답은 그가 사물의 실재적 존재에 거의 주목하지 않은 것처럼 보이는 이유는 "나는 진리와 확실성의 탐구를 직무로 여기는 척하는 사람들의 생각을 차지하고 있고 그들의 논쟁에 개입하는 대부분의 담론은 존재와는 전혀 연관 없는 **일반 명제**와 개념임을 발견하게 될 것이라고 추정하기 때문"(4. 4. 8. 3-7.: 566)이라는 것이다. 그는 다시 사물과 사람들이 수학적 관념 및 양태 관념과 일치해야 (그 반대가 아니라) 한다는 의견을 말한다. 하지만 로크는 또 다른 반대 의견, 즉 만약 도덕 관념이 단순히 양태라면 누구나 자기가 원하는 관념을 구성할 수 있으며, 따라서 "**정의와 절제**에 대해 얼마나 기이한 개념들이 있게 될 것인가? 만약 모든 사람이 덕과 악덕에 대해 자신이 좋아하는 **관념**을 만들 수 있다면 덕 및 악덕과 관련하여 어떤 혼란이 초래될 것인가?"(4. 4. 9. 27-29.: 566)라는 의견을 제기한다. 로크는 이것은 단순히 이름을 잘못 붙이는 것에 해당할 것이며, 우리가 그 이름이 어떤 관념을 나타내는지 알 때 그 결과로 일어나는 특성의 증명에 의해 수학과 도덕 모두에서 그 이름이 정상 상태로 될 것이라고 주장한다.

10절에서 로크는 우리의 실체 관념을 다룬다. 여기서 로크는 실체 관념이 외부의 원형이나 패턴에 조회되며, 그 안에 결합되어 있는 것보다 많거나 그것과는 다른 관념을 가짐으로써 그 원형과 다를 수도 있으므로, 우리의 실체 관념 가운데 어떤 것은 실재적이지 않을지도 모른다는 것을 인정한다. 로크가 여기서 사용하고 있는 것처럼 '실재적인'이라는 용어는 2권 30장에 나오는 그의 공식적 정의, 즉 실재에 합치함과 어울린다. '합치함'은 규칙적인 인과관계를 함축하지만, 필연적으로 유사성을 함축하지는 않는다. 혼합 양태 구축에서 정말로 요구되는 것은 정합성이나 일관성이다. 그러나 여기서 우리는 마찬가지로 성질의 실재적 패턴과 대응을 필요로 한다. 우리는 실체 안에 있는 성질의 엄밀한 결합의 원인인 실체의 실재적 본질을 알지 못하기 때문에, 우리의 지식은 아주 멀리 미치지 못한다. 이 대응이 없다면 우리는 경험으로부터 배우는 것에 국한된다. 실체에 관한 우리 지식이 실재적인 것이 되려면 "우리 **관념**이 사물의 실재적 존재에서 얻어져야 한다. 어떤 단순 관념들이 특정 실체에 공존하는 것이 발견되었든지 간에 우리는 자신 있게 이 관념들을 다시 연관시켜서 실체의 추상 **관념**을 만들어낼 수 있다. 자연에서 한번 결합되었던 것은 무엇이든지 간에 다시 결합될 수 있기 때문이다."(4. 4. 12. 3-7.: 569)

　이 장의 나머지(13-18절)에서 로크는 우리가 특별한 종류의 실체에 관해 형성하는 추상 관념은 그 종류의 종 또는 명목적 본질이라는 (3권에서 발전한) 그의 주장을 옹호하고 있다. 로크는 그의 견해를 채택할 때, "우리는 아마도 지금보다 훨씬 큰 자유를 누리면서도 혼란은 적게 발생시키면서 사물에 대해 생각할 수 있을 것"(4. 4. 13. 11-12.: 569)이라고 주장한다. 로크가 거부하고 있는 입장은 아리스토텔레스적인 본질주의, 특히 이름은 명확한 경계를 가지며, "같은 이름을 가진 모든 사물이 정확하고 균등하게 이 본질에 참여하는"(4. 4. 13. 21-22.: 569) 실재적 본질에 의해 결정된다는 견해다. 이 입장이 부적절하다는 것을 보여주기 위해서 로크는 백치의 예를 든다. 그는 백치를 "이성을 갖지 않은 인간의 모습, 운동, 생명 관념"(4. 4. 13. 24-25.: 569)으로 정의한다. 그는 '짐승'이 '이성을 가진 당나귀'와 구별되듯이 백치, 즉 이성이 없는 사람이 새로운 종, 이미 존재하는 '인간' 종과 구별되는 종이 아닌지를 수사학적으로 묻는다. 그리고 만약 누군가 사람과 짐승 사이에 있는 이것이 무엇인지 묻는다면, 그는 백치라고 대답할 것이다! 그러고 나서 이것이 다른 종이라면 내세에서 그것은 어떻게 되는지 묻는다면, 로크의 대답은 첫째, 이것은 신이 결정할 일이지 그가 결정할 일이 아니라는 것이고, 둘째, 물음의 위력은 두 개의 잘못된 가정 가운데 하나 또는 다른 하나 위에 구축된다는 것이다. 첫 번째 것은 인간의 모

습은 불멸성을 보증한다는 것이다. 모습은 확실히 불멸성의 결정 요인
은 아니다! 이것은 영혼이나 정신을 완전히 배제할 것이다. 이에 대한
응답은 모습은 사물을 불멸하게 하지 않으며, 모습이야말로 "불멸하는
내부의 이성적 영혼의 기호"(4. 4. 15. 19.: 571)라는 것이다. 이에 대
한 로크의 응답은 자신은 누가 모습을 영혼의 기호로 만들었는지 알기
를 원한다는 것이다. 단지 그렇다고 말하는 것만으로 그렇게 되는 것은
아닐 것이기 때문이다. 그러고 나서 로크는 이 두 번째 잘못된 가정에
몇 가지 반례를 제시한다. 만약 인간의 모습을 갖는 것이 그 안에 이성
적 영혼이 있다는 기호라면, 인간의 형태를 띤 죽은 사람이나 조각도
이성적 영혼을 가져야 한다는 결론이 나올 것이다. 우리가 백치는 사람
의 모습을 갖고 있지만 그의 행동이 어떤 짐승의 행동보다 이성을 덜
보여준다는 것을 고려할 때, 인간의 모습이 이성적 영혼의 기호라는 주
장은 훨씬 더 사리에 맞지 않는다.

  로크는 그다음에 백치가 이성적인 부모의 자녀이고 따라서 이성적인
영혼을 가졌다고 볼 수 있다는 반대 의견을 고찰한다. 그러나 만약 사
람들이 이 결론을 받아들였다면 어느 누구도 "기형으로 태어난 자식"
(4. 4. 16. 34.: 571)의 목숨을 끊을 만큼 대담하지는 못했을 것이라고
로크는 주장한다. 그러나 로크의 상대방은 이것이 괴물이라고 응답한
다. 로크는 계속해서 백치와 괴물을 비교한다. 백치는 (백치에게는 이
성이 없다) 결함이 많은 마음을 갖고 있지만, 괴물은 결함이 많은 몸을
갖고 있다. 그렇다면 몸의 결함은 어떤 것이 인간이 아니라고 결정하는
기준인 반면에, 훨씬 더 고귀하고 아마도 본질적인 부분일 마음의 결함
은 그런 기준이 못 되느냐고 로크는 묻는다. 이것은 다시 모습이 인간
의 척도가 되게 할 것이다. 명백히 로크는 이미 모습만으로 어떤 것이
인간인지 아닌지 결정해야 한다는 견해를 거부했다. 로크는 사람들이

실제로 이런 식으로 생각하면서도 자신들이 그런 견해를 갖고 있음을 인정하지 않는다고 주장한다. 로크는 잘생긴 백치는 비록 그렇게 보이지 않을지라도 이성적 영혼을 갖는다는 주장부터 시작한다. 이제 모습을 바꾸기 시작하자. "귀가 정상보다 조금 더 길고 더 뾰족하고 코가 조금 더 납작하다고 하자. 그러면 당신은 멈칫하기 시작할 것이다."(4. 4. 16. 13-16.: 572) 이런 식으로 계속 얼굴을 바꾸면서 점점 더 인간이 아닌 모습으로 만들고 점점 더 동물 같게 하면 상대방은 그것이 괴물이라고 결론 내릴 것이다. 그것은 괴물이므로 이성적 영혼을 갖지 않으며, 따라서 틀림없이 파괴된다고 결론 내릴 것이다. 그러나 어떤 모습을 한 존재는 이성적 영혼을 갖지만 그 모습에 가까운 존재는 그렇지 못하다고 결정하는 기준은 무엇인가? 로크는 "나는 이런 문제들을 해결하지 않는 한 우리는 인간에 관해 멋대로 얘기하는 것이며, 우리가 일정한 소리와, 우리가 알지 못하는, 자연 가운데 있는 고정된 종이라는 상상에 우리 자신을 내맡기는 한 언제나 그럴 것이라고 우려하기 때문"(4. 4. 16. 31-34.: 572)이라고 말한다. 로크는 기형의 태아가 괴물이라고 주장하는 사람은 사실상 그들이 반론하고 있는 바로 그것을 하고 있다. 즉 인간과 짐승 사이에 새로운 종을 만들고 있다고 계속해서 말한다. 이것은 우리가 자연종의 수는 고정되어 있다는 아리스토텔레스와 스콜라 철학의 학설을 포기해야 한다는 것을 보여준다.

이 예는 다소 중요한데, 그 이유는 학자들이 로크의 명목적 본질 이론, 특히 그의 인간에 대한 설명에 어떤 문제가 있다고 제안해왔기 때문이다. 특히 이것은 예를 들어 인종주의자들이 '인간'을 자기 마음에 드는 대로 정의할 가능성을 열어둔다. 브래컨(Harry Bracken) 교수는 바로 그러한 비난을 했다. 그러나 13-18절에 나오는 주장의 결과는 우리가 인간에 관해서 일관되지 못하게, 또는 로크가 말하는 것처럼 '마구잡이로' 말하도록 이끄는 것은 중간 형태와 경계 사례를 다룰 수 없는, 아리스토텔레스와 스콜라 철학의 고정된 종 학설을 수용하는 것이다. 로크는 중간 종 창조를 허용하는 자신의 절차는 우리의 인간 설명에 들어가야 할 것에 관해 우리가 주장하는 것을 허용하며, 따라서 이러한 비일관성과 하나의 종을 다른 종과 구별하는 기준 산출 불가능성을 면할 수 있게 한다고 생각한다. 우리는 4권 7장 '공준에 대해서'에 이르면 이것을 더 많이 보게 될 것이다.

질문

18. 지식의 실재성에 관한 문제는 무엇인가? 그것은 2권과 3권에서 각각 관념과 지각, 관념과 언어에 관해 제기된 문제와 어떻게 병행하는가?
19. 그 문제에 대한 로크의 대답은 무엇인가?
20. 로크는 도덕 관념은 양태이므로 사람들마다 자기만의 도덕 관념을 합성할 수 있지만, 이것이 진정한 문제는 아니라고 주장한다. 진짜 문제는 그들이 사각형을 삼각형이라고 부르듯이 단지 틀린 이름으로 부르고 있다는 것이다. 이 주장은 그럴듯한가?
21. 지식의 실재성 문제가 혼합 양태보다 실체의 경우에 더 어려운 이유는 무엇인가?

진리와 일반성

5장에서 로크는 진리의 본성을 논한다. 그는 진리를 "**기호가 의미하는 사물들이 서로 일치하거나 불일치하는 것과도 같이 그렇게 기호들을 연결하거나 분리하는 것**"(4. 5. 2. 7-9.: 574)으로 정의한다. 여기서 연결과 분리는 명제를 만드는 것이며, 따라서 진리를 말하는 것은 엄격하

3장 본문 읽기 167

게 명제에만 속한다. 명제에는 심적 명제와 언어적 명제가 있으므로 그에 상응하는 두 종류의 진리가 있다. 로크는 계속해서 이 두 종류의 명제 간의 관계, 그리고 두 종류를 별도로 다루기 힘든 이유를 논한다. 이 명제들은 관념이나 낱말의 일치 또는 불일치를 긍정하거나 부정하며, 이 일을 올바르게 하거나 틀리게 하는 한, 참이거나 거짓이거나다. 만약 명제가 관념에 관한 것이라면 심적 진리이고, 만약 명제가 낱말에 관한 것이라면 언어적 진리다. 로크는 더 나아가 순전히 언어적이고 공허한 진리와 실재적이고 도움이 되는 진리를 구별한다. 후자가 실재적 지식의 대상이다.

4권 5장 7절에서 로크는 이전 장에서 실재적 지식에 관해 제기된 지극히 중요한 쟁점들로 되돌아간다. 그는 지식에 관해 발생한 동일한 의심이 진리에 관해서도 발생할 수 있다고 말한다. 만약 진리가 로크가 정의한 것과 같다면, "**진리에 관한 지식**은 비록 가치 있다고 여겨지기는 하겠지만 **실상 그럴 만큼의 가치를 갖고 있지는 않으며**, 사람들이 진리 탐구에 들이는 노고와 시간만큼의 가치를 갖고 있지도 않다. **이러한 설명에서는** 진리라는 낱말과 인간 두뇌의 **망상**이 서로 합치하는 것 이상이 아니기 때문이다."(4. 5. 7. 5-8.: 577) 만약 여기서 우리가 가진 모든 것이 관념의 일관성이라면, 켄타우로스가 동물인 것은 인간이 동물인 것만큼이나 참일 것이다. 로크는 그가 이전 장에서 실재적 지식과 상상적 지식을 구별하기 위해서 그랬던 것처럼 실재적 진리와 망상적 진리를 구별하는 이 문제에 동일한 대답을 할지도 모른다고 말하지만, 계속해서 언어적 진리와 실재적 진리를 구별한다. 우리 낱말은 그의미를 오직 관념으로부터 얻는다. 그러나 낱말은 사물을 가리키기도 하므로, "낱말이 마음 안에서 사물의 실재성과 일치하지 않는 관념을 나타내는 경우에"(4. 5. 8. 32-33.: 577) 진리는 한낱 언어적인 것에 지나지 않는다. 그 결과 진리와 지식은 둘 다 언어적인 것과 실재적인 것으로 나눌 수 있다. 언어적 진리는 오직 우리 관념의 일치 또는 불일치와 관계가 있다. 반면에 실재적 진리를 위해서 우리는 관념의 일치뿐만 아니라 관념이 "자연 안에 존재하는 대상을 갖는다는 것을 아는 역량"(4. 5. 8. 2. 578)도 가져야 한다. 따라서 실재적 진리는 관념들의 일관성뿐만 아니라 대응(또는 적어도 대응을 위한 역량)도 필요로 한다. 우리는 이 대응을 어떻게 생각해야 하는가? 그것은 흄의 관념과 인상 구별(로크는 이러한 구별을 하지만 명명하지는 않는다), 또는 인상과 사물의 구별에 의한 대응일 것이다. 로크는 자연 안에 존재하는 역량을 가진 우리 관념에 관해 말하고 있으므로, 방금 인용한 구절에서 그의 언어는 관념/인상의 구별을 시사할지도 모른다. 다른 한편 이것은 (로크가 뚜렷하게 말하고 있지는 않지만) 우리 관념은 자연 안에 존재할 수 있는 성질에 대응(로크의 용어를 사용하자면 합치 또는 일치)해야만 한다고 로크가 주장하는 또 다른 경우일지도 모른다. 어느 경우든 우리는 또다시 2권의 유사성과 표상적 지각 이론 절에서 일찍이 논의한 로크의 표상적 실재론과 말브랑슈의 표상적 실재론 간의 뚜렷한 차이를 본다. 로크가 말과 키메라를 구별하도록 허용하는 것은 그의 이론에 있는 인과적 요소다.

낱말은 진리와 지식의 커다란 도관으로 여겨지며, 우리는 그것을 진리를 전달하고 받아들이며, 진리에 관해 추리할 때 사용하므로, 로크는 명제 안에 포함된 실재적 진리의 확실성이 어디에 있으며 우리가 그것이 참이거나 거짓임을 확실히 알 수 있는 보편 명제가 무엇인지 고찰하기를 제안한다. 이 과제가 6–8장에서 그의 마음을 사로잡는다.

6장에서 로크는 실체에 관한 보편 명제를 고찰한다. 만약 우리가 실체는 우리가 알 수 없는 실재적 본질을 가진다는 견해를 갖고 있다면,

우리는 확실하게 알려질 수 있는 보편 명제를 전혀 얻지 못할 것이다. 다른 한편 만약 우리가 본질과 종은 명목적 본질에 의해 결정된다는 로크의 견해를 채택한다면, 우리의 종 용어는 명확한 의미를 가지겠지만 우리는 여전히 매우 많은 보편 명제를 얻지 못할 것이다. 그 주된 이유는 특성의 공존에 관한 우리 지식은 대체로 경험에 국한되기 때문이다. 우리가 경험하는 결합체와 공존하는 다른 성질들을 발견하기 위해서 우리는 "제1성질의 경우에는 아주 조금밖에 알 수 없으며 제2성질의 경우에는 결합을 전혀 발견할 수 없는 조합과 성질의 자연적 의존"(4. 6. 7. 18-20.: 582)을 알 필요가 있을 것이다. 우리가 이 자연적 의존을 발견할 수 없는 이유는 우리가 제2성질이 의존하는 실재적 구조를 알지 못하며, 설령 안다 해도 우리는 제1성질의 변양과 우리의 제2성질 관념 간의 연관성을 생각조차 할 수 없으므로, 우리의 지식은 결국 우리의 경험에 국한되기 때문이라는 것이다. 그러므로 로크는 "실체에 관해 만들어져서 **의심할 수 없는 확실성**을 가진 일반 명제는 매우 소수"(4. 6. 7. 27-29.: 582)라고 말한다. 8절과 9절에서 이 점을 예증하기 위해서 금의 예를 사용한다. 그는 특성의 필연적 공존을 알지 못하고서 우리가 확실히 알 수 있는 실체에 관한 보편 명제는 극소수임을 보여주기 위해서 10절과 11절에서 계속해서 이 예를 사용한다.

   11절에서 로크는 우리가 실체의 복합 관념에 더 많은 성질의 관념을 포함할수록 그 낱말의 의미는 더 정확하고 명확해지지만, 더 많은 성질 관념을 포함하는 것이 우리 복합 관념에 포함되지 않은 다른 성질들에 관한 명제의 보편적 확실성을 높이는 것은 아니라고 지적한다. 우리가 실체에 관해 알 필요가 있는 것은 어떤 성질들이 필연적으로 공존하는지 또는 서로 모순되는지다. 만약 우리가 금의 실재적 구조, 금의 성질을 구성하는 것, 금을 구성하는 특질, 예를 들어 유연하고 용해되며 고

형이라는 특질을 알고 시작할 수 있다면, 우리는 이 점에서는 훨씬 더 잘 알 것이다. 그러나 우리 상황은 이렇지 않다. 우리가 말할 수 있는 것은, 만약 누군가가 금 또는 어떤 다른 실체의 특성 집합의 필연적 공존이나 모순을 발견할 수 있다면, 그는 어떤 수학 명제만큼이나 확실한 그 실체에 관한 보편 명제를 형성할 수 있게 되리라는 것이다. 로크는 만약 우리가 실체의 실재적 구조가 어떻게 우리가 실체 안에서 발견하는 감각적 성질을 실제로 산출하는지, 그리고 이 감각적 성질이 어떻게 그 실재적 구조로부터 흘러나오는지 안다면, 우리는 금의 존재나 금에 대한 실험을 할 필요가 없을 것이라고 말한다. 우리는 우리가 수학에서 하는 것과 마찬가지로 어떤 특성이 그 실체에 공존하거나 모순되는지를 우리 관념으로부터 연역할 수 있다. 그러나 우리는 그러한 상태에 근접할 수조차 없다.

웅대한 시야와 우주 만물의 상호관련성에 관한 주목할 만한 구절에서 로크는 계속해서 특성의 공존에 관한 지식의 중요성을 주장한다. 그는 우리가 보통 독립적인 존재로 여기는 사물들 간의 불명료한 연관성에 주목하는 것으로 시작한다. 다른 물체들의 영향이 없다면 금과 물은 우리가 그것들에 본질적인 것으로 생각하는 특징을 잃을지도 모른다. 숨 쉴 공기가 없다면 대부분의 생명체는 곧 죽을 것이다. 지구가 태양으로부터 조금 더 가깝거나 멀리 있다면 대부분의 동물은 멸종할 것이다. 로크는 계속해서 우리가 파리나 코끼리의 구조를 볼 때 그것들에서 발견하는 성질과 힘에 관한 설명을 완전히 발견하지 못한다고 적는다. 그는 그러한 성질과 힘을 올바로 이해하기 위해서 "우리는 이 지구와 대기를 넘어서야 할 뿐만 아니라, 태양이나 우리의 눈이 이제껏 발견하지 못한 가장 멀리 있는 별을 넘어서까지" 조사해보아야 할지도 모른다고 추측한다. 그 이유는 "우리의 지구라는 이 구체에 있는 개별 실체들의 존재나 작용이 우리 시야를 훨씬 넘어선 원인에 얼마나 의존하는지를 우리가 판가름하기란 불가능하기"(4. 6. 11. 8-12.: 587) 때문이다. 로크는 우주 구조의 거대한 부분과 바퀴들이 상호연관되어서 우리로부터 굉장히 멀리 떨어져 있는 어떤 별의 작은 변화가 이 지구에 거주하는 사물들의 모습을 완전히 바꾸어놓거나 더 이상 존재하지 않게 할지도 모른다고 계속해서 말한다. 이 구절은 사물들의 연관성을 보지 못하는 물리적이고 사회적인 원자론자인 로크의 모습과 그다지 잘 조화되지 않는다.

로크는 우리에게 이 고찰은 우리가 얼마나 사물의 실재적 본질을 발견할 가망이 없는지 보여주며, 따라서 우리는 실체에 관한 우리의 일반적 지식이 아주 협소하고 빈약하다는 것에 놀라서는 안 된다고 말한다. 물질적 실체보다는 우리의 정신 관념에 관해서 상황은 훨씬 더 나쁘다. 우리는 정신이 어떻게 생각하고 어떻게 신체를 움직이는지 알지 못하며, 설령 우리의 신체 관념을 조사한다 해도 상황은 더 나빠질 것만 같다(4. 6. 14. 19-26.: 589).

로크는 계속해서 '인간'과 같이 친숙한 실체의 경우에서조차 우리가 이 종류의 실체에 관한 견고한 일반화를 할 능력은 그 성질과 힘이 흘러나오는 실재적 구조에 관한 우리의 무지로 인해 엄격히 제한된다고 지적한다. 따라서 "모든 인간은 일정 간격을 두고 수면을 취한다", "인간은 나무나 돌에서 영양분을 섭취할 수 없다", "모든 인간은 독미나리를 먹으면 죽는다"와 같은 명제는 기껏해야 개연적이다. "이런 경우나 유사한 경우에 우리는 특정 주체에 대한 실험에 호소해야 하는데, 이는 소수의 경우에서만 이루어질 수 있다."(4. 6. 15. 13-14.: 590) 로크는 우리가 일반 명제가 나타내는 관념들의 일치 또는 불일치를 발견할 때 우리는 단지 일반 명제에 관한 확실성을 가질 수 있다고 말하는 것으로 이 장의 결론을 맺는다. 실험과 관찰은 우리에게 단지 개별자에 관한 지식을 준다. 따라서 "우리에게 일반 지식을 제공하는 것은 우리 자신이 갖고 있는 추상 **관념**에 대한 관조를 통해서만 가능하다."(4. 6. 16. 4-5.: 591)

질문

22. 왜 지식의 실재성 문제가 진리로 확장되는가?

23. 그는 4권 5장 7절에서 제기된 진리에 관한 문제에 대해서 이전 장에서 지식에 관해 대답했던 것과 얼마나 동일한 대답을 할 것 같은가? 언어적 진리와 실재적 진리의 구별을 첨가하는 것이 얼마나 그 대답을 확장하는가?

24. 로크는 왜 보편 명제의 본성을 다루는가?

25. 그는 실체에 관한 어떤 보편 명제가 가능하다고 생각하는가? 우리가 그런 명제를 만드는 데 주된 한계는 무엇인가?

공준과 항진명제

7장과 8장은 지식에 유용하지는 않지만 스콜라 철학에서 중요하게 여겼던 문제를 다룬다. 특히 로크는 7장에서 일반적인 공준이나 공리를, 8장에서 공허한 명제를 다룬다.

공준에 관한 장에서 로크는 1권에 처음 등장한 주제로 되돌아간다. 공준 또는 공리는 학문의 제1원리로 상정된다. 로크가 1권에서 그것들이 본유적이지 않다고 주장하듯이, 만약 그것들이 본유적이지 않다면 그것들은 적어도 자명한 일반적 진리다. 그러나 로크는 자명한 진리는 이것들 말고도 훨씬 더 많이 있다고 말한다. 이를 보여주기 위해서 그는 4권 2장에서 네 종류의 일치 또는 불일치(동일성, 공존, 관계, 실재적 존재)로부터 우리가 얻는 진리들을 검토한다. 어느 명확한 관념에 대해서도 그것은 그 자체와 동일하고, 역시 자명하며, 어떤 다른 명확한 관념과도 구별된다는 것은 자명한 진리다. 이 경우에 관념이 얼마나 일반적이거나 포괄적인지는 문제가 되지 않는다. 특성의 공존에 관해서, 우리는 직관적 지식을 거의 갖고 있지 않으므로 자명한 진리를 거의 갖지 못한다. 로크가 언급하는 유일한 자명한 진리는 **"두 물체는 동일 장소에 있을 수 없다"**(4. 7. 5. 16-17.: 594)라는 것이다. 관계에 관해서, 양태적 진리인 수학의 공리는 다수의 자명한 진리를 제공한다. 그러나 로크는 일반적 진리보다 더 뚜렷한 자명성을 가진 대단히 상세한 예가 있다고 주장한다. 마지막으로 실재적 존재에 관해서, 우리는 자신의 존재에 관한 직관적이고 자명한 지식을 가지며, 신의 존재에 관한 증명적 지식을 갖는다. 그것을 넘어서 우리는 사물의 존재에 관한 자명한 지식을 전혀 갖지 못한다. 따라서 사물의 실재적 존재에 관한 공준은 전혀 없다.

8-10절에서 로크는 이 공준들이 우리 지식의 다른 부분에 미치는 영향을 논한다. 그에 따르면 기성 견해는 "모든 추리는 **이전에 알려진 것과 이전에 인정된 것으로부터**"(4. 7. 8. 3-4.: 595. 용어 풀이: 838 참조) 온다는 것이다. 로크는 **이전에 알려진 것**은 이 공리들이 다른 것보다 먼저 알려지며, 지식의 다른 부분들이 이것들에 의존한다는 것을 의미한다고 주장한다. 로크는 이 주장들 가운데 어떤 것도 참이 아니라고 말한다. 첫째, **"동일한 사물이 있으면서 동시에 없을 수는 없다"**와 같은 공준은 개별 사례로부터 일반화한 것이며, 그것으로부터 개별 사례가 연역되는 것이 아니다. 둘째, 다른 많은 자명한 진리가 있으므로 이 공준들은 우리의 모든 지식의 토대가 아니다. 이 지점에서 로크는 추상의 어려움에 관한 유명한 말을 한다. 그는 일반 관념을 형성하는 것은 우

리가 생각하는 것보다 훨씬 어렵다고 지적한다. 로크는 "예를 들어 **삼각형의 일반 관념**을 형성할 때 우리에게는 어떤 수고와 숙련이 요구되지 않는가. 그것은 비직각삼각형도 직각삼각형도 아니고, 정삼각형도 등각삼각형도 부등변삼각형도 아니면서, 이것들 모두인 동시에 어느 하나도 아니어야 하기 때문"(4. 7. 9. 4-9.: 596)이라고 말한다. 버클리는 나중에 추상에 관한 이 설명이 비정합적이라고 주장하기 위해서 이 설명을 자주 인용하게 된다. 버클리가 채택한 것보다 더 관대한 독해들이 있다. 이것은 제쳐두고, 로크의 요점은 추상을 다루는 것은 보이는 것만큼 쉽지 않으며, 공준들은 다른 모든 것보다 먼저 마음에 알려지는 진리가 아니라는 것이다. 사실상 추론에 토대를 제공하는 많은 다른 자명한 진리들이 있다.

11절과 12절에서 로크는 공준이 어디에 유용하며 어디에 유용하지 않은지를 고찰한다. 12절에서 그는 우리가 명확한 관념을 갖지 못한 경우, 즉 우리 개념이 "잘못되거나 산만하거나 불안정한 경우" 공준은 우리를 도와주지 못할 뿐 아니라, 우리가 실수하고 있다는 것을 확신시키며 모순을 증명하는 데 기여할 것(4. 7. 12. 3.: 604)이라고 말한다.

15절에서 로크는 우리가 우리의 낱말이 의미하는 것을 정확하게 알고 있고 어떤 증거도 필요로 하지 않는 경우 공준은 위험 없이 사용될 수 있다고 주장한다. 반면에 우리가 증거에서 실체의 이름, "**존재하는 것은 존재한다**'와 '**동일한 사물이 있으면서 동시에 없을 수는 없다**'라는 공준을 사용할 경우 공준은 무한히 위험하다. 이런 경우 이 공준들이 사람들에게 허위를 명백한 진리로, 불확실성을 증명으로 받아들이도록 하는 것은 매우 흔한 일이며, 그 결과 오류와 고집, 잘못된 추리로부터 발생할 수 있는 모든 해악이 따르게 된다."(4. 7. 15. 14-17.: 606) 16-18절에서 로크가 제시하는 이 주장에 관한 예는 '인간'이라는 용어를 포함한다. 로크는 인간에 관한 세 가지 부적절한 정의를 제시하고, 이를 증명하기 위해 이 부적절한 정의와 함께 공준을 사용하는 데서 수반되는 위험한 결과를 보여준다. 첫 번째 부적절한 정의는 영국에서는 흰색과 살색을 포함하여 눈에 보이는 성질들의 가시적 복합체가 인간 관념을 형성한다고 생각하는 아이에 관한 것이다. 그런 관념을 가진 아이는 그의 부적절한 정의와 **"동일한 사물이 있으면서 동시에 없을 수는 없다"**라는 공준을 사용하여, "흰색은 어린아이가 **인간**이라고 부르는 복합 **관념**을 구성하는 항구적인 단순 **관념** 중 하나이기 때문에"(4. 7. 16. 6-8.: 607) 흑인은 인간이 아니라는 것을 당신에게 증명할 수 있다. 로크는 그 아이가 갖게 되는 확신은 공준에서 오는 것이 아니라, 검정은 하양이 아니라는 자명한 진리로부터 온다고 지적한다. 어떤 학자들은 로크가 흑인은 인간이 아니라는 결론에 찬성한다는 결론을 끌어내기 위해서 이 예를 왜곡하려고 시도해왔다. 그런 독해는 전혀 신뢰할 수 없다. 로크는 증명에서 부적절한 정의와 함께 공준을 사용하는 것은 위험하다고 주장하고 있다. 이 예는 바로 그런 위험을 보여준다(우즈갈리스, 2002: 84-5).

　8장의 대부분은 "금은 금이다"와 같은 정보를 주지 않는 동일성 명제에 관한 논의가 차지한다. 로크의 요점은 스콜라 철학자들이 그런 동일성 문장이 중요하다고 주장하지만 그것은 사실상 세계에 관해서 우리에게 아무것도 말해주지 않는다는 것이다. 그러나 "샛별은 저녁 별이다"와 같은 정보를 주는 동일성 문장에 관해서는 어떤가? 4권 8장 3절(3-10.: 612)에서 로크는 다른 사람들은 "같은 용어가 그 자체에 대해 긍정되지 않는" 명제를 가리키기 위해 동일성을 사용한다고 지적하며, 근본적으로 이것은 그가 동일성 명제라는 용어를 사용하는 방법이 아니라고 말한다. 만약 로크가 실로 정보를 주는 동일성 명제 개념을 거부하고 있다면, 그는 몸과 마음 문제를 다루는 더 유용한 도구 중 하나를 빼먹는 것이다.

　그다음에 로크는 우리가 인간은 동물이라고 말할 때처럼 한 관념의 일부가 전체의 술어인 경우를 검토한다. 로크는 그 문장은 인간이 무엇인지 아는 사람에게는 정보를 주지 않는다고 생각한다. 그런 문장은 청자가 전체를 알지 못하는 경우에 유용할 뿐이다. 8절에서 로크는 실체에 관해서, 설령 그런 진리가 확실하다 해도 그것은 공허하고, 설령 가르침을 준다 해도 그것은 "불확실한 명제다. 이런 명제는 지금까지 아무리 많은 수의 꾸준한 관찰과 유비가 우리의 추측상의 판단을 도왔다고 해도 우리는 그 실재적 진리에 대해 아무런 지식도 가질 수 없는 그러한 명제"(4. 8. 9. 9-11. : 615)라고 시사한다. 로크는 이러한 연유로 해서 사람들은, 그들이 (긍정되거나 부정될 수 있는) 명제를 그 의미와 정의에 의거하도록 허용하는, 실체적 존재자에 관한 '상대적 의미'와 '상대적 정의'를 사용하는 담론을 쓸 수 있으며, "이 모두는 우리 외부에 존재하는 사물의 본성이나 실재성에 관해서는 아무런 지식도 주지 못한다"(4. 8. 9. 19-20. : 615)라고 주장한다. 이것은 많은 "형이상학과 강단 신학, 일정 종류의 자연철학 저작들"(4. 8. 9. 29-30. : 615)의 특징이다.

질문

26. 공준은 학문의 제1원리라는 주장에 대한 로크의 최초의 반대 의견은 무엇인가?
27. 공준은 **"이전에 알려진 것과 이전에 인정된 것으로부터"** 알려진다는 주장에 대한 로크의 반대 의견은 무엇인가?
28. 공준은 어떤 조건에서 위험 없이 사용될 수 있는가?

29. 어떤 조건에서 공준을 사용하는 것이 위험한가? 로크가 제시하는 예는 어떤 것인가?

30. 8장에서 왜 로크는 동일성 명제가 유용하지 않다고 주장하는가?

실재적 존재

4권 9-10장에서 로크는 세 번째로 지금쯤은 이미 친숙한 노선을 따라 실재적 존재의 지식에 관한 쟁점으로 되돌아온다. 9장은 우리 자신의 존재에 관한 지식, 10장은 신의 존재에 관한 지식, 11장은 다른 사물에 관한 우리의 지식과 관계가 있다.

9장에서 로크는 데카르트의 유명한 "나는 생각한다. 그러므로 나는 존재한다"라는 **코기토** 명제에 명백히 찬성한다. 로크는 자아의 존재에 관해 아무런 문제를 느끼지 않지만, 데카르트가 그의 본질이 생각하는 사물이라는 것을 확립하기 위해 주장하는 『성찰』의 다음 단계(데카르트: 80-3)를 전혀 따르고 싶어 하지 않는다는 것이 지금쯤은 명확해야 한다.

10장에서 로크는 '『성찰』 3'에서 데카르트가 제시하는 증거와 중요한 방식에서 차이가 나는 신의 존재 증명을 제시한다. 그것은 신의 본유 관념에 의존하지 않는다. 오히려 로크의 증명은 감각기관과 생각을 산출하는 무감각하고 생각하지 않는 물질이 불가능하다는 것에 의존한다. 우리는 감각기관과 생각을 가진 피조물이므로, 로크는 이 힘과 역량을 가진 어떤 영원한 존재가 있는 게 틀림없으며, 그렇지 않다면 당신은 무에서 나오는 무언가를 갖게 되는 것이라고 주장한다. 로크는 주로 유물론자들이 제기하는 다양한 반대 의견에 대해서 그의 증명을 옹호한다.

11장에서 로크는 물질적 사물의 실재적 존재에 관한 우리의 지식을 검토한다. 그는 우리가 자신의 존재에 관한 직관적 지식과 신의 존재에 관한 증명적 지식을 갖고 있는 반면에, 다른 사물의 존재에 대해서는 감각을 통해 알 뿐이라고 주장한다. 우리는 지각이 어떻게 작용하는지 알지 못할지도 모른다. 그러나 그것은 지각이 우리에게 물질적 세계에 존재하는 성질들에 관해 말해주는 확실성을 제거하지는 않는다. 만약 누군가가 자신이 지각하는 사물의 존재를 의심할 만큼 회의적이라면, 그는 기본적으로 세계를 다룰 수 있는 수준이 아닐 것이다. 로크가 말하듯이, "적어도 그 정도로 회의적일 수 있는 사람은 (그 자신의 생각으로 무엇을 갖든지 간에) 나와 어떤 논쟁도 할 수 없을 것이다. 그는 내가 그의 의견에 반대하는 말을 하고 있다는 것도 결코 확신할 수 없기 때문이다."(4. 11. 3. 22-25.: 631) 로크는 "우리의 능력은 이 점에서 우리를 기만하지 않는다는 믿음은 물질적 사물의 존재에 관해서 우리가 가질 수 있는 최고의 확신임에 틀림없는"(4. 11. 3. 29-31.: 631) 다수의 이유를 제시한다. 이 이유에 포함되는 것들은 나는 물질적 대상이 자신에게 쾌락과 고통을 일으키도록 사용할 수 있다는 것, 우리의 능력은 지식 또는 심지어 지식 개념에 필수적이라는 것, 내가 관념 산출을 통제할 수 없을 때가 있기 때문에 우리 지각은 외부 원인에 의해 우리 안에 산출된다는 것은 명백하다는 것, 이 관념들 가운데 많은 것이 나중에 우리가 느낄 수 없는 고통과 함께 우리 안에 산출된다는 것, 감각기관은 많은 경우 서로의 보고가 갖는 진리성에 대한 증거가 된다는 것이다. 이 모든 이유가 결합되면 최선의 설명에 대한 추론에 해당한다. 우리 외부에 물질적 대상이 현전하는 것은 내가 그것을 자신에게 쾌락 또는 고통을 일으키도록 사용할 수 있다는 사실을 가장 잘 설명한다. 로크는 또한 우리의 능력은 물질적 대상에 관해 어떤 의심이나 망설임도 남기지 않고 완벽하게 파악하는 데 적합하지 않을 수도 있지만,

우리를 보존하기에는 충분하다고 주장함으로써 회의주의자에게 대답한다. 이것은 또한 다음과 같은 경우다. "우리 외부 사물의 존재에 대한 이러한 확신은 사물들에 의해 야기되는 선을 획득하고 악을 회피하도록 우리를 인도하기에 충분하고, 이 선악은 우리가 인식할 수 있는 사물에 대해서 우리가 갖는 중요한 관심사다."(4. 11. 8. 9-12.: 635) 로크는 계속해서 우리가 지각하는 물질적 사물의 존재에 관해 우리에게 확신을 주는 것이 오직 현전하는 지각인 이유는, 일단 우리가 한 사물을 더 이상 지각하지 못하면 그 사물은 존재하기를 멈출 수 있기 때문이라고 말한다. 따라서 로크가 감각적 사물에 관한 우리의 지식은 뚜렷이 제한된다고 주장한 것은 회의적 논증에 관한 염려 때문이 아니라, 세계와 지각에 관한 사실 때문이다. 기억 또한 우리가 사물을 지각했을 때 우리가 전에 지각했던 사물이 정말로 존재했다는 보증을 우리에게 제공한다. 우리는 유한 정신이 존재한다는 지식이 아니라 단지 신앙을 갖는데, 그 이유는 우리가 유한 정신을 지각하지 못하기 때문이다.

질문

31. 물질적 사물의 실재적 존재를 다룰 때 로크는 사실상 철저한 회의주의는 비정합적임을 시사한다. 이 결론에 대한 논증은 무엇인가?
32. 당신은 실재적 존재 문제에 관한 최선의 설명이라는 해결책에 이르는 로크의 추론이 얼마나 적절하다고 느끼는가?

우리 지식의 개선

4권 12장에서 로크는 우리의 지식이 어떻게 개선될 수 있는지를 고찰하면서 지식에 관한 논의를 마무리한다. 그는 다시 한번 공준이라는 주제로 되돌아온다. 스콜라 철학자들이 제안했던 것은 수학으로부터 유

래하는 학문 모델이었다. 이 모델은 모든 지식이 특정 원리나 공리 또
는 공준에서 시작하고, 나머지 지식은 이러한 원리에서 파생된다는 것
을 시사한다. 로크는 수학의 엄청난 성공을 감안하면, 그러한 모델이
채택되는 이유를 쉽게 이해할 수 있다고 말한다. 하지만 1권과 4권 7장
의 공준에 관한 논의로부터 우리는 이미 로크가 이 모델을 거부한다는
것을 안다. 원리가 처음부터 알려지는 것도 아니며, 우리의 지식이 그
로부터 유래하는 것도 아니다. 이 절에서 학문의 첫 번째 원리에 관한
로크의 논의는 16세기 말과 17세기 초 유럽 수학자들의 마음을 끌었던
유클리드와 다른 고대 수학자들의 구성(presentation) 또는 종합의 방
법에 반대되는 발견 또는 분석의 방법에 관한 논의를 연상시킨다. 로크
는 한 가지 근본적인 문제는 우리가 원리를 검토하지 않고 그대로 받아
들이는 것이며, 그렇게 할 때 실수로 이어지거나 실수로 확인될 가능성
이 높다는 것이라고 시사한다. 그러나 우리는 좋은 것과 나쁜 것을 어
떻게 구분한다고 상정되는가? 로크는 우리에게 필요한 일은 **"뚜렷하고
구별되고 완전한 관념**이 얻어질 수 있는 만큼 **우리 마음에 가지고 고정
시켜서 그것에 고유하고 변함없는 이름을 부여**하는 것"(4. 12. 6. 30-
33.: 642)이라고 주장한다. 그런 다음 이러한 관념에 대한 일치 또는
불일치를 적을 필요가 있으며, 따라서 어떤 원리도 없이 우리는 "원리
를 취하여 그것으로 우리 마음을 다른 사람이 마음대로 처리하게 하는
것보다, 이 하나의 규칙의 지도에 의해서 더 뚜렷하고 참된 지식을 얻
을"지도 모른다(4. 12. 6. 35-2.: 642-3). 로크는 적어도 우리가 사물의
실재적 본질을 아는 것에서 증거를 찾는 기술을 진행하는 이러한 방식
에서 수학자들을 따를 수 있다고 생각한다. 이로 인해 그는 증명적인 도
덕학을 가질 수도 있으리라는 진보적 견해를 앞서서 시사하게 되었다.
　실체에 관한 우리의 지식에 관해서, 우리가 그 실재적 본질을 알지

못하는 경우 우리는 전혀 반대 방식으로 진행해야 한다. 여기서 관계에 대한 추론은 별 도움이 되지 않을 것이다. 오히려 우리는 어떤 특성이 서로 공존하는지 우리에게 가르쳐주는 경험에 의존해야 할 것이다. 그러나 우리가 이런 방식으로 그 공존을 발견하는 특성들 간에 필연적인 연관성은 없으므로, 경험은 우리를 아주 멀리 데려가지는 못할 것이다. 따라서 실체의 실재적 본질에 관한 지식이 없을 때 귀납적 추론은 거의 효력이 없다. 로크는 합리적이고 규칙적인 실험에 종사하는 데 익숙해진 사람이 그렇지 않은 사람보다 물체의 본성을 더 잘 이해하고, 물체의 미지의 특성이 무엇인지에 대해 더 나은 추측을 할 것이라고 인정하지만, "경험과 역사에 의해서 실체에 관한 우리의 지식을 개선하는 이 방식은 우리가 사는 이 세계에서 **범용**의 상태에 있는 유약한 우리의 능력이 도달할 수 있는 것의 전부이지만, 나로 하여금 자연철학이 하나의 학문이 될 수 있는가 하는 생각을 갖게 한다."(4. 12. 10. 25-29. : 645) 그렇다면 우리는 이것을 어떻게 생각해야 하는가?

로크가 그런 생각을 한 것은 분명하다. 다음 절에서 그는 물체의 실재적 본질과 내부 구조에 도달할 때 우리 능력의 한계 때문에 자연철학을 하나의 학문으로 만들기 어렵지만 우리 자신의 존재와 신의 존재를 결정하는 데에는 어려움이 없다고 말한다. 이것은 "우리에게 적절한 일은 그러한 탐구에 있고, 우리의 자연적 능력에 가장 적합하고, 우리의 최대 관심, 즉 우리의 영원한 지위의 조건을 그 안에서 수행하는 그러한 종류의 지식에 있다"(4. 12. 11. 9-12. : 646)라는 것을 시사한다. 로크는 계속해서 "**도덕은 적절한 학문이며** (최고선을 탐구하는 데 관심을 가지며 동시에 그것에 적합한) **인류 일반의 일**"(4. 12. 11. 12-13. : 646)이라고 주장한다. 그는 자연과 관련되고 그들 자신의 존립과 인류의 공통된 쓰임새를 위해 의도된 기술을 추구하는 일부 사람들을 반대하지 않는다. 예컨대 철의 발견은 인간 삶의 질을 크게 바꾼다. 따라서 로크는 병원과 대학의 생산물보다 유용한 상품을 공급하고 생명을 구하는 데 더 유용한 나침반, 인쇄기, 키니네와 같은 주목할 만한 발명품을 생산한 자연 연구에 찬성하지 않는 것으로 생각되기를 원하지 않는다. 자연의 어떤 현상을 설명하기 위해 가설을 채택하는 것은 기억을 돕고 우리를 새로운 발견으로 안내할 수 있다. 그러나 우리는 가설을 채택할 때 신중할 필요가 있다. 우리는 설명하고자 하는 현상을 주의 깊게 살펴볼 필요가 있다. 가설이 설명하는 동안 그것이 다른 관련 현상과 충돌하지 않는지를 확인해야 한다. 로크는 우리가 자연 연구에 너무 많은 것을 기대하는 것과 무엇보다도 스콜라 철학자들이 도입했고, 그가 일찍이 거부했던 방법을 피하는 것을 원하지 않는다.

질문

33. 로크는 학문의 모델로서 유클리드 수학을 거부한다. 이 모델은 무엇인가? 스콜라 철학자들이 그것을 채택한 그럴듯한 이유는 무엇인가? 그는 왜 우리가 그것을 거부해야 한다고 생각하는가?

34. 로크가 제안하는 대안 모델은 무엇인가? 그의 새 모델은 어떤 방식으로 수학자의 절차를 따르는가?

35. 물질적 실체를 아는 우리 능력의 한계는 무엇이며, 로크는 이것으로부터 어떤 결론을 내리는가?

지식과 개연성

지식은 우리 관념의 일치 또는 불일치를 아는 것을 포함한다. 그렇다면 개연성이란 무엇이며, 지식과 어떤 관련이 있는가? 로크는 다음과 같이 썼다.

지성 능력은 사색뿐만 아니라 생활의 지도를 위해서 사람에게 부여되었기 때문에, 그가 참된 지식의 확실성을 가진 것 이외에 자신을 인도하기 위해 아무것도 가지고 있지 않다면, 매우 당혹스러울 것이다. (…) 따라서 신이 몇 가지 사물을 대낮에 놓은 것같이 그는 몇 가지 확실한 지식을 우리에게 준 것이다. (…) 마찬가지로 우리의 관심사 중 커다란 부분에서 신이 기쁘게 이 세상에 우리를 있게 한 범용과 집행유예 기간의 상태에 적합한, 내가 그렇게 부를 수 있듯이 개연성이라는 여명만을 우리에게 제공했다고 나는 추정한다. 이 여명의 상태에서 우리는 지나친 확신과 억측을 억제하기 위해 하루하루의 경험으로 우리의 단견과 실수하기 쉬움에 대해 민감해질 수도 있을 것이다. (4. 14. 1–2절: 652)

따라서 우리 자신과 신의 존재, 수학과 도덕의 일반적 본성과 같은, 우리가 확실히 알 수 있는 극소수의 중요한 것을 제외하고, 우리는 대부분 지식 없이 삶을 영위해야 한다. 그렇다면 개연성이란 무엇인가? 로크는 다음과 같이 썼다.

증명이란 상호 일정하고 불변하며 가시적인 연관성을 갖는 하나 또는 그 이상의 증거의 개입에 의해서 두 **관념** 사이의 일치 또는 불일치를 보여주는 것이다. 이와 마찬가지로 **개연성**이란 그 연관성이 일정하거나 불변적이지 않고, 적어도 그렇게 지각되는 것이 아니라, 대부분의 경우에 일정하고 불변적이거나 그렇게 보이며, 마음으로 하여금 어떤 명제가 참 또는 거짓이며 그 반대일 수 없다고 **판단**하도록 유인하기에 충분한 증거들의 개입에 의해서 그러한 일치 또는 불일치가 나타나는 것일 뿐이다. (4. 15. 1.: 654)

이 때문에 개연적 추론은 지식을 생산하는 증명적 추론과 유사한 면이 있지만, 어떤 중대한 측면에서는 다르다. 증명적 지식에 관한 로크의 설명은 그의 개연성 설명에 대한 모델을 제공한다. 따라서 우리는 한 명제에 대한 증거에 비례해서 그 명제에 동의해야 한다는 합리적 탐구의 근본 원리는 두 영역 모두에 적용된다. 로크는 현실적 지식과 습관적 지식을 구별하는 것과 마찬가지로 믿음과 개연성에 관해서도 비슷한 구별을 한다(4. 16. 1. 2-18.: 658). 개연적 추론은 마음이 명제를 참 또는 거짓으로 판단하도록 이끄는 증거를 제공하는 주장이다. 그러나 그 판단이 옳다는 보장은 없다. 이런 종류의 개연적 판단은 증명과 확실성에 근접하는 것으로부터 비개연성과 비가망성을 거쳐, 거의 불가능한 것까지 그 정도에 차이가 있다. 그것은 완전한 확신으로부터 추측, 의심, 불신에 이르는, 동의의 정도와 상호 관련된다.

수학적 확률이라는 새로운 학문이 로크가 『인간지성론』을 쓰고 있던 바로 그 무렵 유럽 대륙에서 생겨났다. 하지만 개연성에 관한 그의 설명은 수학적 확률에 대한 인식을 거의 또는 전혀 보여주지 않는다. 그보다는 증언을 개연적 추론으로 취급했던 더 오랜 전통을 반영한다. 로크의 목적이 무엇보다도 우리가 다양한 종교적 명제에 대해 어느 정도 동의할 수 있는지를 논의하는 것이라고 가정하면, 개연성에 관한 더 오래된 개념이 그의 목적에 가장 잘 맞을 것 같다. 따라서 로크는 개연성의 근거를 기술할 때, 우리의 지식, 관찰과 경험, 그리고 관찰과 경험을 보고하는 다른 사람들의 증언에 대한 합치성을 인용한다. 후자에 관해서 우리는 증인의 수, 성실성, 관찰 능력, 반대 증언 등을 고려해야 한다(4. 15. 5. 4-10.: 656). 개연적 명제에 얼마나 동의하는지를 합리적으로 판단할 때, 이것들은 마음이 검토해야 할 적절한 고려 사항이다. 로크는 또한 우리가 가진 의견을 포기하는 데 당연히 관심이 많은 이방인이나 상대에게 우리 의견을 포기하기보다는 유지할 이유가 더 많기 때문에, 우리는 다른 의견에 대해 관대해야 한다고 시사한다(4. 16. 4. 30-6.: 659-60).

로크는 두 종류의 개연적 명제를 구별한다. 첫 번째는 개별적 존재 또는 사실의 문제와 관련된다. 두 번째는 감각기관의 증언을 넘어서는 것이다. 사실의 문제는 관찰과 경험에 열려 있으므로, 우리는 그것에 관한 명제에 대한 합리적 동의를 결정하는 데 모든 테스트를 이용할 수 있다. 감각기관의 증언을 넘어서는 문제는 상황이 전혀 다르다. 여기에는 천사와 같이 유한한 비물질적 영혼 또는 너무 작아서 볼 수 없는 원자 같은 물질, 또는 우리와 너무 멀리 떨어져 있어 우리 감각의 범위를 벗어나 있는 다른 행성의 식물, 동물 또는 거주자에 관한 지식이 포함된다. 이 후자의 범주에 관하여, 로크는 우리가 추론을 위한 유일한 보조 수단으로서 유비에 의존해야 한다고 말한다. 그는 이렇게 썼다. "따라서 두 물체를 서로 격렬하게 문지르는 것만으로 열을 산출하고, 매우 자주 불 자체를 산출하는 것을 관찰함으로써, 우리는 우리가 열과 불이라고 부르는 것이 불에 타는 물질의 지각할 수 없는 미세한 부분들의 격렬한 요동에 있다고 생각한다."(4. 16. 12.: 665-6) 우리는 유비에 의해 다시 천사에 관해 추리한다. 존재의 대사슬을 고려할 때, 우리는 천사에 관한 경험은 없지만 우리보다 상위 등급의 종이 우리가 경험하는 우리보다 하위 등급의 종만큼 많을 가능성이 높다고 생각한다. 하지만 이러한 추리는 개연적일 뿐이다.

질문

36. 지식과 개연성의 차이는 무엇인가? 만약 우리가 확실히 아는 것에만 충실하기로 결정되었다면, 로크는 어떻게 우리가 삶을 영위하면서 살아가리라고 생각하는가? (14장 참조)

37. 로크가 『인간지성론』을 쓰고 있을 때 등장한 수학적 확률이라는 새
    로운 개념보다 더 오래된 개연성 개념이 로크의 목적에 더 유용할
    수도 있는 이유는 무엇인가?
38. 두 종류의 개연적 명제는 무엇인가?

이성, 신앙과 광신

17세기 후반의 영국은 국교회 광교회파로부터 일부 비국교도, 이신론
자에 이르는 많은 경쟁 집단을 포괄하는, 이성적 종교를 지향하는 운동
의 정점에 있었다. 『인간지성론』 4권의 18장부터 20장에서 종교 인식
론에 관한 로크의 설명은 4권의 처음 17개 장에서 전개된 지식과 개연
성에 관한 설명을 종교에 적용한 것이다. 티렐이 『인간지성론』 집필의
원동력은 도덕과 계시 종교에 관한 논의에서 제기된 난제들이었다고
한 말을 상기할 필요가 있다. 로크는 이성을 넘어서는 진리는 있지만
이성과 상반되는 진리는 없다고 주장한다. 따라서 무엇이 진정한 계시
또는 거짓된 계시인지 결정하는 것은 이성이다. 로크는 이성 없이 신앙
이 할 수 있다고 주장하는 것을 광신이라고 불렀으며, 이것은 만약 모
든 증거가 고려된다면 우리는 한 명제에 대한 증거에 비례해서 그 명제
에 동의해야 한다는 원리를 포기하는 것에 해당한다. 이 원리를 포기하
는 것은 진리에 대한 사랑을 포기하는 것이다. 종교 인식론에 관한 로
크의 설명은 종교 사상사에서 이성적 종교에 관한 가장 주목할 만한 설
명 중 하나다.
  4권 17장부터 20장에서 로크는 이성의 본성, 이성과 신앙의 관계,
광신의 본성을 다룬다. 로크는 모든 종파가 가능한 한 이성을 사용한다
고 말한다. 종파들이 신앙에 의존하고 계시되는 것이 이성을 넘어선다
고 주장하는 것은 이성의 사용이 그들에게 도움이 되지 않을 때뿐이다.

그러나 그는 다음과 같이 덧붙인다. "그리고 각 종파가 신앙과 이성의 엄밀한 경계를 정하지 않고 어떻게 다른 종파와 논의할 수 있으며, 또 동일한 구실을 사용하는 반박자를 도대체 어떻게 설득할 수 있는지 나는 모르겠다."(4. 18. 2.: 689) 그런 다음 로크는 이성을 "마음이 자신의 자연적 능력, 다시 말해서 감각이나 반성을 사용하여 획득한 관념으로부터 이루어진 연역을 통해 도달하는 명제나 진리의 확실성 또는 개연성을 발견하는 것"(4. 18. 2. 689)으로 정의한다. 반면에 신앙은 "마치 신으로부터 온 것처럼 특이한 전달 방식으로 제안자에 대한 신뢰에 기반을 둔" 명제에 대한 동의다. 따라서 우리는 계시에 의해 드러나는 것과 이성에 의해 발견될 수 없는 것에 대해 신앙을 갖는다. 로크는 또한 신이 누군가에게 준 본원적 계시와 "낱말 그리고 우리가 우리 생각을 서로 전달하는 일상적 방식을 통해 다른 사람에게 전달되는"(4. 18. 3. 22-23.: 690) 본원적 계시인 전승적 계시를 구별한다.

　로크는 어떤 것은 이성과 계시 둘 다에 의해 발견될 수 있다고 말한다. 그래서 신이 유클리드 기하학의 명제를 계시할 수도 있고, 그것은 이성에 의해 발견될 수도 있다. 그러한 경우에는 신앙이 거의 필요가 없을 것이다. 전승적 계시는 우리 자신의 관념의 일치 또는 불일치를 관조하는 것만큼 확실성을 산출할 수 없다(4. 18. 4. 26-1.: 690-1). 마찬가지로 사실의 문제에 관한 계시는 스스로 경험하는 것만큼 확실성을 산출하지 않는다. 그렇다면 계시는 우리가 참이라고 알고 있는 것과 모순될 수 없다. 만약 모순될 수 있다면 그것은 우리의 모든 능력에 대한 신뢰를 훼손할 것이다. 이것은 비참한 결과가 될 것이다(4. 18. 5. 11-19.: 692). 계시는 이성이 반박하거나 확인하고자 하는 관념을 우리가 거의 또는 전혀 갖고 있지 않을 때 진가를 발휘한다. 예를 들어, "천사의 일부가 신에게 반항하여 최초의 행복한 상태를 상실했다는 것,

그리고 죽은 사람이 일어나서 다시 살리라는 것, 그리고 이성의 발견을 넘어선 그와 유사한 것들은 순수하게 신앙의 문제이며, 이성은 이 문제에 직접적으로 관여할 수 없다."(4. 18. 7. 10-14.: 694) 하지만 이성은 계시와 관련하여 중대한 역할을 한다. 로크는 다음과 같이 썼다.

> 자신이 명백하게 알지 못하는 것의 진리를 확신하는 것이 아니라 그 안에 나타나는 개연성을 따를 뿐인 마음은 어떤 증언에 동의할 수밖에 없는데, 마음이 만족하는 그 증언은 실수할 수 없고 기만하지 않을 사람이 한다. 그러나 그 증언이 계시라는 것이 참인지, 그리고 그 증언을 전하는 낱말의 의미가 참인지를 판단하는 것은 여전히 이성의 몫이다. (4. 18. 8. 20-26.: 694)

그래서 계시가 진정한 것인지 아닌지를 우리가 어떻게 알 수 있느냐는 중대한 질문에 답하기 위해 우리는 이성과 개연성의 규범을 사용한다고 상정된다. 로크는 만약 신앙과 이성의 경계가 뚜렷하게 표시되지 않으면 종교 안에 이성이 들어설 여지가 없을 것이며, 그렇다면 우리는 "세상의 여러 종교에서 찾아볼 수 있는 온갖 기이한 의견과 의례"(4. 18. 11. 12-13.: 696)를 얻게 될 것이라고 주장한다.

『인간지성론』 4판에서 로크는 광신에 관한 장을 추가했다. 만약 우리가 진정한 계시인지 아닌지를 판단하기 위해 이성을 사용하지 않고 계시를 받아들인다면, 우리는 로크가 이성과 계시 외에 동의의 세 번째 원리라고 부르는 것, 즉 광신을 얻는다. 광신은 신의 호의나 의사소통에 대한 헛되거나 근거 없는 확신이다. 그것은 그러한 호의나 의사소통이 진정한 것인지 아닌지를 판단하기 위해 이성을 사용할 필요가 없음을 함축한다. 명백하게도 그러한 의사소통이 진정한 것이 아닐 때, 그것은 "인간의 뇌에서 생기는 근거 없는 환상"(4. 19. 3. 22-23. : 698)에 지나지 않는다. 로크는 광신자를 애수와 헌신이 뒤섞였거나 또는 자신이 신의 선택을 받았다고 여기는 사람들로 묘사한다. 그들은 자신이 신과 직접적인 관계를 갖는다고 우쭐댄다. 그들의 마음은 이와 같이 준비되어 있기 때문에 "어떤 근거 없는 의견들이 자신의 공상에 스스로 강력하게 자리를 잡게 되든지 간에 모두 신의 정신에서 유래된 조명"이며, 자신이 하는 어떤 기이한 행동도 "신의 요구이거나 지시이며, 그것에 따라야 한다."(4. 19. 6. 18-21. : 699) 이런 종류의 광신은 잉글랜드 내전 때 프로테스탄트 극단주의자들이 보였던 특징이다. 로크가 광신을 거부하는 유일한 인물은 아니었지만, 그는 가장 강한 용어로 광신을 거부했다. 광신은 동의는 증거에 비례해야 한다는 지성의 근본 원리를 위반한다. 그 근본 원리를 저버리는 것은 파국이 될 것이다(4. 18. 5. 19-24. : 691-2와 4. 19. 1. 10-21. : 697 참조). 이것은 로크가 『인간지성론』의 이 부분은 물론 『지성지도론』(*Of the Conduct of the Understanding*, 1823, 3권: 203-89)과 『기독교의 합당성』(*The Reasonableness of Christianity*, 1999)에서도 제시하는 의견이다. 그는 우리 각자가 우리의 지성을 사용하여 진리를 찾기를 원한다. 그러한 탐색에 참여하는 것이 자유와 성숙에 이르는 길이다.

이성을 버리고 신앙의 토대 위에서만 안다고 주장하는 광신자에 대해, 로크는 이렇게 썼다. "계시에 길을 비켜주기 위해 이성을 제거하는 사람은 이성과 계시의 빛을 모두 꺼버리며, 마치 볼 수 없는 별의 어렴풋한 빛을 망원경을 가지고 더 잘 보기 위해 눈을 감으라고 남들을 설득하는 것과 똑같은 짓을 하는 것이다."(4. 19. 4. 31-35. : 698) 광신자는 올바른 추리를 하는 데 요구되는 지루한 노동에 참여하기보다, 자신의 계시의 진실성을 판단하기 위해 이성을 사용하지도 않고 즉각적인 계시를 받았다고 확신한다. 이것은 "세상의 여러 종교에서 찾아볼 수 있는 온갖 기이한 의견과 의례들"(4. 18. 11. 12-13.: 696)로 이어진다. 따라서 로크는 이성에 의해 판단되지 않는 내적 설득의 원리를 정당화하려는 어떤 시도도 강력히 거부한다.

질문

39. 이성에 관한 로크의 설명은 무엇인가?
40. 어떤 조건에서 종교적 분파들은 이성에 호소하는가?
41. 이성보다 위에 있거나 이성을 넘어서는 것들은 무엇인가?
42. 본원적 계시와 전승적 계시의 차이는 무엇인가?
43. 신앙과 계시는 어떤 관계인가?
44. 로크의 견해에 따르면 이성과 전승적 계시의 관계는 무엇인가? 전승적 계시가 이성을 지배할 수 있는가? 왜 지배할 수 있는가, 아니면 왜 지배할 수 없는가?
45. 광신이란 무엇인가? 그것은 신앙을 갖는 것과 어떻게 다른가?
46. 로크는 왜 광신이 인간의 지성에 파국적이라고 생각하는가?
47. 종교에 관한 로크의 설명은 앞의 4권에서 전개된 지식과 개연성에 관한 견해에 어떤 방식으로 의존하는가?

잘못된 동의

20장에서 로크는 오류의 원인에 대해 더 일반적으로 이야기한다. 그는 오류나 잘못된 동의의 원인은 많지만, 대체로 네 가지 원인으로 나눌 수 있다고 생각한다. 증거의 결여, 증거를 사용하는 재능의 결여, 증거를 사용하려는 의지의 결여, 개연성에 대한 잘못된 척도가 그것이다.

오류의 첫 번째 일반적 원인을 설명하면서, 로크는 증거의 결여가 단순히 전혀 증거가 없는 사례를 의미하는 것이 아니라고 말한다. 오히려 그는 사람들이 이미 존재하는 증거를 찾을 시간과 기회가 없거나 "어떤 명제의 증거를 찾아서 실험하고 관찰할 수 있는 적절한 시기나 기회를 갖지 못하거나, 마찬가지로 다른 사람의 증언에 대해 탐구하고 수집하기에 편리한 때"(4. 20. 2. 3-6.: 707)를 갖지 못하는 경우를 포함한다고 말한다. 인류의 대다수가 이러한 상황에 놓여 있다. 배울 기회는 우리의 재산만큼이나 한정되어 있다. 평생 한 가지 힘든 직업을 갖고 판에 박은 듯한 단조로운 일을 하는 사람은 좁은 골목길만 끊임없이 왔다 갔다 하는 짐 끄는 말이 그 지역의 지리를 아는 것만큼만 세상에서 벌어지는 일에 대해 알 것이라고 생각하기 쉽다. 하지만 로크는 이러한 상태에 있는 사람들조차 그들의 삶을 행복 또는 불행으로 안내하는 지침과 그들이 태어난 국가 사이에 상당한 의견 차이가 있는 것이 명백할 때, 그의 가장 큰 관심사인 행복이나 불행을 자신이 태어난 곳의 기회에, 그리고 "현재 유행하는 의견과 각 국가의 인가된 지침"의 힘에 맡기기를 원치 않는다고 말한다(4. 20. 3. 1-2.: 708). 로크는 대부분의 시간을 노동하는 데 보내는 사람들조차도 능력을 갖고 있고, 중요한 종교적 진리에 관해 질문할 시간을 발견할 수 있다고 생각한다. 이것은 자기 구원에 대한 개인의 책임을 강조하는 프로테스탄트의 좋은 점으로 여겨질 수도 있고, 또는 어쩌면 더 급진적으로, 머지않아 자유사상이라고 불리게 되는 비교 종교 연구를 요구하는 것으로 여겨질 수 있다.

결론: 학문의 분류

종교적 진리에 대한 논의를 마치면서 『인간지성론』은 학문의 분류에 관한 간략한 장으로 다소 갑작스럽게 끝난다. 로크는 물체와 마음의 본성이 학문의 한 분야를 구성한다고 주장한다. 그는 이것을 자연철학의 확대된 의미로 여긴다. 둘째, 그 안에서 우리가 필요로 하는 것이 "선하고 유용한 사물들에 이르기 위해 우리 자신의 능력과 행동을 올바르게 사용하는 기술"(4. 21. 3. 18-19.: 720)인 인간 행위의 영역이 있다. 윤리학은 "인간을 행복으로 이끄는 행동 규칙과 척도, 그리고 이것을 실천할 수단을 찾아내는 것"(4. 21. 3. 20-23.: 720)이므로 여기서 가장 중요하다. 마지막으로 기호론이 있는데, "이 학문이 다루는 일은 마음이 사물들을 이해하거나 그 지식을 다른 사람에게 전달하기 위해 사용하는 기호의 본성을 고찰하는 것이다."(4. 21. 4. 27-29.: 720) 이것은 로크가 논리학 또는 비평이라고 부르는 관념과 낱말에 관한 연구를 포함한다. 로크는 지식의 각 영역이 서로 완전히 다르고, 따라서 이것은 "지성의 대상에 관한 최초의 가장 일반적이고 동시에 자연스러운 구분"을 나타낸다(4. 21. 5. 16-17.: 721).

질문

48. 종교적 진리를 찾는 평범한 사람들의 의무에 대한 로크의 견해는 무엇인가?

49. 로크가 분류한 세 가지 학문은 무엇이며, 그것들은 『인간지성론』의 구조에 어떻게 반영되어 있는가?

4부
수용과 영향

로크의 『인간지성론』은 1688년 1월부터 3월까지 『보편적이고 역사적 인 도서 목록』(*Bibliotheque universelle et historique*)에 92쪽짜리 요약 본으로 처음 출판된 이후 18세기 전반 내내 좋은 평판을 받은 동시에 논쟁의 대상이었다. 아슬레프는 로크가 "근대의 가장 영향력 있는 철학 자"(아슬레프, 1994 : 252)라고 말했다. 그는 로크의 영향은 영국 경험 론으로 알려진 강력한 전통을 창시한 것 이외에 전통적인 철학 분과의 한계 훨씬 너머까지 이르렀다고 썼다. "사상사에서 우리가 자신에 관해 생각하는 방식, 우리와 우리가 사는 세계의 관계, 신, 자연과 사회에 관 한 그의 영향은 막대한 것이었다."(아슬레프, 1994 : 252) 로크는 버클 리와 흄 같은 철학자뿐만 아니라, 볼테르(Francois-Mari Arouet de Voltaire), 콩디야크(Étienne Bonnot de Condiallac), 에드워즈(Jona-than Edwards), 존슨 박사(Dr. Johnson), 스위프트(Jonathan Swift)와 스테른(Laurence Sterne)에게도 영향을 미쳤다. 저작은 특별히 18세기 전반에 영국과 유럽 양쪽에서 진가를 인정받았다. 우리는 『인간지성 론』에 있는 몇몇 특정한 화제와 주제들의 영향에 주목해야 한다.

우리는 1권에서 본유 관념에 반대하는 논쟁으로 시작해도 좋을 것이 다. 18세기 초 본유 원리와 본유 관념에 대한 로크의 반론은 크게 유행 했다(욜턴, 1996 : 25). 본유 관념에 대한 로크의 반론의 성공은 『인간 지성론』의 뚜렷한 초기 업적의 하나였다. 하지만 우리는 로크의 본유

관념 거부는 경험적 탐구를 위한, 제1원리로부터 연역에 의해 이끌어
낸 스콜라 철학의 학문 모델에 대한 그의 더 큰 거부의 일부였음을 상
기해야 한다. 우리가 지식과 탐구를 생각하는 방식에 대해 그가 제안한
변화 또한 크게 성공적이었으며, 『인간지성론』은 경험주의와 경험적
탐구를 지속적이고 매우 영향력 있게 옹호함으로써 이 변화에 중대한
역할을 했다.

로크가 본유 관념을 거부하는 것은 진리를 추구할 때와 어떤 행동을
하거나 삼갈 것인지를 결정할 때 개인의 자율성을 함축한다. 로크가 정
치적·인식적·종교적 권위를 공격하는 것의 급진적 본성을 오늘날 우리
가 파악하기는 어렵다(아슬레프, 1994: 252). 로크가 저술 활동을 했
던 시기는 종교적·정치적 억압으로 가득 찼고, 이러한 억압은 종종 사
람들이 고향을 떠나 난민이 되게 강제했다. 잉글랜드는 로크의 삶이 예
증하듯이 이 문제에서 거의 제외되지 않았다.

다수의 주석자들은 『인간지성론』의 성공은 부분적으로 그 책이 당시
의 종교적 논쟁을 간신히 은폐된 형태로 다루었다는 점에 있다고 기록
했다. 로크에 대한 가장 중요한 초기 비평가 중 한 명은 스틸링플릿 주
교다. 그는 로크의 사상이 삼위일체와 같이 중요한 종교 교의들의 토대
를 침식한다고 주장했다. 로크는 이를 부인했지만, 우리는 그가 반삼위
일체론자였다고 결론 내리기에 충분한 이유를 갖고 있다. 따라서 우리
가 로크의 부인을 에누리해서 받아들여야 하는 것은 당연하다. 17세기
말과 18세기 초에 이신론자들은 종교에서 이성의 역할에 관한 로크의
견해를 채택했다. 이신론자들은 삼위일체설을 포함한 종교적 신비를
거부하고 이성적 종교를 주장했다. 로크의 인식론적 원리를 사용한 톨
랜드(John Toland)의 『신비롭지 않은 기독교』(*Christianity not Myste-
rious*)는 그중에서도 가장 큰 논쟁을 불러일으켰다. 그 책의 출판은 더

전통적인 종교 사상가들로부터 강한 반작용을 유발했고, 로크가 『기독
교의 합당성』을 출판하도록 이끌었다. 18세기 중반 무렵 이성적 종교
시대는 끝나가고 있었다.

실체와 추상에 관한 로크의 설명뿐만 아니라, 인과적 지각 이론과 제
1성질과 제2성질의 구별에 관한 버클리의 공격은 『인간지성론』에 관한
영향력 있는 오독의 시작을 대표한다. 사실상 버클리는 실재적 존재 문
제에 관한 로크의 해결책은 앞에서 '유사성과 표상적 지각 이론' 절에
서 설명했던 지각의 장막 문제 때문에 부적절하다고 주장했다. 버클리
의 급진적 해결책은 물질 개념을 비정합적인 것으로 거부하는 것이었
다. 이와 같이 영국 경험론은 관념론적 전환을 했다. 버클리의 견해는
리드(Reid)로 하여금 '관념의 방식'은 외부 세계 존재의 부정이라는 우
스꽝스러운 결론을 낳게 되었다고 비판하게 하였다. 이 영향력 있는 로
크 오독은 20세기에도 계속 살아남았으며, 아마도 아직 없어지지 않은
것 같다.

인격 동일성에 관한 로크의 설명은 정말로 혁명적이며, 철학에 대한
그의 가장 두드러진 공헌 가운데 하나다. 그것 역시 종교적 함의를 가
졌다. 보수적인 국교도들은 로크가 인격 동일성 담지자로서의 실체를
의식으로 대체한 것을 거부했다. 이 국교도들은 스틸링플릿 주교, 클라
크, 버틀러 주교, 버클리를 포함했다. 대륙에서는 라이프니츠가 똑같은
반응을 했다. 그러나 그에 대한 비평가들에도 불구하고 인격 동일성에
관한 로크의 견해는 영향력이 있었으며, 철학자들과 신학자들 사이에
서만 그런 것은 아니었다.

'인격'은 종을 초월한 개념일 수도 있다는 것을 함축한, 이성적으로
말하는 앵무새에 관한 로크의 예는 걸리버가 이성적으로 이야기하는
말과 비이성적인 인간을 만나는 네 번째 여행에 관한 스위프트의 설명

에 영감을 주었을지도 모른다. 스위프트와 그의 친구들은 『스크리블러리우스 비망록』(*The Memoirs of Scriblerius*)에서 인격 동일성에 관한 18세기 초의 논쟁을 계속해서 풍자적으로 개작했다. 그리고 인격 동일성에 관한 로크의 설명은 다양한 방식으로 계속해서 영문학에 영향을 미쳤다. 철학자들과 신학자들 사이에서도 로크의 혁명적인 설명은 18세기 후반부를 넘어서 일정하게 공격을 받고 옹호되었으며, 이러한 논쟁은 대체로 20세기에도 반복되었다.

언어에 관한 로크의 설명이 세기를 뛰어넘어 미쳤던 영향력의 범위는 학문적 토론 주제다. 크레츠만은 로크의 견해가 독창적이지는 않지만 낱말과 관념의 연관성에 관한 계몽주의의 견해에 강력한 영향을 미쳤다고 주장한다(크레츠만: 123). 촘스키는 『데카르트주의 언어학』(*Cartesian Linguistics*)에서 언어학의 중요한 사상을 로크보다는 데카르트와 포르루아얄(Port Royal) 학파로 거슬러 추적한다(촘스키, 1966). 이것은 주로 촘스키 사상에서 본유주의의 중요성에 관한 문제다. 반면에 아슬레프는 로크가 현대 언어학을 낳은 발전의 출발점에 있다고 믿으며, 촘스키의 설명은 역사적이라기보다는 더 논쟁적인 것이라고 주장한다(아슬레프, 1982: 101-19).

실재적 본질과 명목적 본질의 관계에 관한 로크의 설명은 중요한 방식에서 잘못된 것으로 판명되었고, 그가 과학이 이룩한 진보를 대단히 과소평가했다는 것을 보여준다. 이 점은 『인간지성론』에서 가장 중대하고 멀리까지 영향을 미치는 실수다. 그렇지만 17세기 말의 과학 수준을 감안하면 로크가 왜 그런 실수를 했는지 충분히 이해할 만하다. 반면에 로크가 언어의 인간적 기원, 실용적 목적을 위한 언어와 분류 체계 형성을 강조한 것은 심지어 현대 경험주의 형이상학에 계속해서 정보를 준다. 이 견해들이 영국에서 진화 사상의 발전에 어느 범위까지 공헌해왔는지는 뚜렷하지 않지만, 확실하게 역할을 할 수 있었다.

　　로크의 비평가들이 4권보다는 2권에 더 초점을 맞추는 경향이 있지만, 로크의 주장 가운데 아마도 가장 논쟁적인 것은 4권에서 지나가는 말로 신이 비물질적인 생각하는 실체와 몸을 결합한 것과 꼭 마찬가지로 신이 물질이 생각할 수 있도록 알맞게 처리했을 가능성이 있다고 한 것이었다. 비평가들은 이것을 유물론적인 표현으로 보았으며, 생각하는 물질에 대한 논쟁은 18세기 대부분에 걸쳐 지속되었다.

　　로크의 명성은 19세기에 상당히 쇠퇴했다. 로크는 프랑스 혁명에 책임이 있다고 주장되었던 철학자들과 백과사전 저자들의 사상과 동일시되었다(아슬레프, 1994: 278). 로크는 18세기의 거짓 예언자 가운데 하나로 동일시되었다. 본(Fox Bourne)의 선구적인 두 권짜리 로크 전기는 19세기 말에 출판되었지만, 로크 철학에 관한 관심을 크게 북돋지 못했다.

　　20세기에 로크의 명성은 크게 부흥해 21세기에도 줄지 않고 지속되고 있다. 로크를 연구하는 학자들은 러블레이스 문서를 손에 넣을 수 있고, 로크를 역사적·종교적·정치적·과학적 맥락에서 읽을 필요가 있다는 깨달음에 따라『인간지성론』에 담겨 있는 사상의 발전에 대해 일찍이 가능했던 것보다 훨씬 더 잘 통찰하게 되었다. 클래런던 출판사는 1975년 로크 전체 저작에 대한 새로운 비판적 판본 출판을 기획하여『인간지성론』의 니디치 판을 시작으로 현재까지 꾸준히 출간을 이어오고 있다.

참고문헌

국내에 번역 출간된 문헌은 원전 뒤에 서지 사항을 기재했다.

단행본

Aarsleff, Hans, *From Locke to Saussure: Essays on the Study of Language and Intellectual History*, Minnneapolis: University of Minnesota Press, 1982.

Ayers, Michael, *Locke: Epistemology and Ontology*, London: Routledge, 1991.

Berkeley, George, *Works*, A.C. Luce and T.E. Jessop (eds), 9 vols, London: T. Nelson, 1957.

Boyle, Robert, *The Works of the Honourable Robert Boyle*, Thomas Birch (ed.), 6 vols, facsimile reprint, Hildesheim: Georg Olms Verlagsbuchhandlung, 1966.

Chappell, Vere, (ed.), *The Cambridge Companion to Locke*, Cambridge: Cambridge University Press, 1994.

Chappell, Vere, (ed.), *Locke*, Oxford: Oxford University Press, 1998.

Chomsky, Noam, *Syntactic Structures*, The Hague: Mouton, 1957. 『촘스키의 통사구조』, 장영준 옮김, 알마, 2016.

Chomsky, Noam, *Cartesian Linguistics: A Chapter in the History of Rationalist*

Thought, New York: Harper and Row, 1966.

Cudworth, Ralph, *The True Intellectual System of the Universe*, 1678 facsimile, Stuttgart: F. Fromman, 1964.

Descartes, René, *Selected Philosophical Writings*, John Cottingham, Robert Stoothoff and Douglas Murdoch (trans.), Cambridge: Cambridge University Press, 1988.

Fox, Christopher, *Locke and the Scriblerians: Identity and Consciousness in Early Eighteenth-Century Britain*, Berkeley: University of California Press, 1988.

Leibniz, Gottfried W., *New Essays Concerning Human Understanding*, Peter Remnant and Jonathan Bennett (trans. and eds), Cambridge: Cambridge University Press, 1996. 『신인간지성론』, 이상명 옮김, 아카넷, 2020.

Locke, John, *The Works of John Locke*, 9 vols, London, 1823.

_____, *An Essay Concerning Human Understanding*, Peter Nidditch (ed.), Oxford, Clarendon Press, 1975. 『인간지성론』, 정병훈·이재영·양선숙 옮김, 한길사, 2014.

_____, *The Second Treatise of Government*, C.B. Macpherson (ed.), Indianapolis: Hackett Publishing Co., 1980. 『통치론』, 강정인·문지영 옮김, 까치, 1996.

_____, *The Reasonableness of Christianity As Delivered in the Scriptures*, John C. Higgins-Biddle (ed.), Oxford, Clarendon Press, 1999. 『성서를 통해 본 기독교의 이치』, 이태하 옮김, 아카넷, 2020.

Mackie, John L., *Problems from Locke*, Oxford: Clarendon Press, 1976.

Mandelbaum, Maurice, *Philosophy, Science and Sense Perception*, Baltimore:

The Johns Hopkins Press, 1966.

Martin, Raymond and John Barresi, *Naturalization of the Soul: Self and Personal Identity in the Eighteenth Century*, London: Routledge, 2000.

Montaigne, Michel de, *An Apology for Raymond Sebond*, M.A. Screech (trans.), London: Penguin Books, 1987.

Oberhoff, Jürgen, *Hobbes's Theory of the Will*, Lanham, MD: Rowman and Littlefield, 2000.

Ryle, Gilbert, *The Concept of Mind*, New York, Barnes and Noble, 1949. 『마음의 개념』, 이한우 옮김, 문예출판사, 1994.

Yaffe, Gideon, *Liberty Worth the Name: Locke on Free Agency*, Princeton, NJ: Princeton University Press, 2000.

Yolton, John, *Locke and the Compass of Human Understanding*, Cambridge: Cambridge University Press, 1970.

_____, *Thinking Matter: Materialism in 18th Century Britain*, Minneapolis: University of Minnesota Press, 1983.

_____, *Locke and the Way of Ideas*, Bristol: Thoemmes Press, 1996.

논문

Aarsleff, Hans, 'Locke's Influence', in Chappell, 1994, pp. 252–89.

Atherton, Margaret, 'Locke and the Issue over Innateness', in Chappell, 1998, pp. 48–59.

Bouwsma, Oets Kolk, 'Descartes' Skepticism of the Senses', *Mind: A Quarterly Review of Philosophy*, 54 (1945), pp. 313–22.

_____, 'Descartes' Evil Genius', in Sesonske and Fleming (eds), *Meta-Meditations*, Belmont, CA: Wadsworth Publishing Co., 1967.

Bracken, Harry M., 'Essence, Accident and Race', in *Hermethena*, 16 (1973), pp. 81-96.

Guyer, Paul, 'Locke's Philosophy of Language', in Chappell, 1994, pp. 115-45.

Kretzmann, Norman, 'The Main Thesis of Locke's Semantic Theory' in Ian Tipton (ed.), *Locke on Human Understanding*, Oxford: Oxford University Press, 1977, pp. 123-40.

McCann, Edwin, 'Locke's Philosophy of Body' in Chappell, 1994.

Milton, John R., 'Locke's Life and Times', in Chappell, 1994, pp 5-25.

Uzgalis, William, 'The Anti-Essential Locke and Natural Kinds', *The Philosophical Quarterly*, 38 (152) (July 1988), pp. 330-40.

_____, 'Relative Identity and Locke's Principle of Individuation', *History of Philosophy Quarterly*, 7(3) (July 1990) pp. 283-97.

_____, '"An Inconsistency not to be excused": On Locke and Racism', in *Philosophers on Race: Critical Essays*, Julie K. Ward and Tommy L. Lott (eds), Oxford: Blackwell, 2002, pp. 81-100.

Wilson, Robert, 'Locke's Primary Qualities', *Journal of the History of Philosophy*, 40(2) (2002), pp. 201-28.

찾아보기

|ㄱ|

가상디(Gassendi, Pierre) 20, 58-9, 86

가이어(Guyer, Paul) 133-5

개연성 26, 33, 35, 145, 182-8, 190

결정론 26, 43, 51, 91-2, 96-8, 101, 120

경험 18-9, 22, 25-6, 33-5, 42-4, 46-7, 53, 57, 59, 60-3, 66, 71-2, 87, 93, 121, 124, 126-7, 129, 132, 155-7, 159, 162, 169, 181, 183-5, 187, 193-6

경험주의 18, 22, 25, 35, 43, 57, 61-3, 66, 194, 196

공간 43, 57-60, 75-9, 81-2, 89-91

과학 17, 19, 25, 28, 30, 32, 52, 58, 60-2, 88, 91-2, 130, 133-4, 196-7

관계 55, 61-2, 66, 71, 91, 95, 101, 103, 111, 116-125, 129, 131, 143-7, 152, 157, 160, 162, 167-8, 172-3, 177, 181, 186, 189-190, 193, 196

관념 43-6, 49-51, 54-5

　~의 기원 25, 33, 42-3, 47, 57, 119

　단순 ~ 48-57, 73-5, 84-5, 87, 89, 117, 119, 121, 124, 127, 135, 137-8, 141-4, 160-1, 163, 175

　뚜렷하고 구별되는 ~ 41-2, 46-7, 55, 60, 78-9, 90, 137, 139, 141, 149, 151, 158

　복합 ~ 49-50, 52, 55-7, 75-6, 83, 119, 124-5, 133, 141, 146, 161, 169, 175

　본유 ~ 25, 34-9, 42, 44, 47, 72, 177, 193-4

　실재적 ~ 73

　원자적 ~ 이론 50

　추상적, 일반적 ~('추상' 참조) 55, 121, 123, 132

『관용에 관한 편지』 21-2

관조 54-5, 99

광신 36, 186, 188-190

귀납 61, 92, 181

기계론적 철학 19, 32, 57-8, 66

기억 46, 51, 54-5, 74, 85, 106-7, 110-6, 129, 147, 179, 182

|ㄴ|

난쟁이 94-5

노리스(Norris, John) 37

능력 26-7, 31, 41, 49, 52, 54-5, 57,
76, 78, 82, 86, 93-5, 100, 117,
121, 145-6, 153, 155, 171, 178,
181-4, 187, 191-2

니디치(Nidditch, Peter) 22-3, 25,
197

|ㄷ|

담론('언어' 참조) 28, 41, 125, 136-
143, 162, 176

대수학 157

데카르트(Descartes, René) 19-20,
30-1, 35, 37, 45, 47, 57-9, 62, 72,
76-9, 81, 83, 110, 119, 140-1,
144, 150-1, 158, 177, 196
꿈 가설 150-1
'나는 생각한다 그러므로 존재한다'
의 존재 177
분석의 방법 180
사악한 악마 가설 72, 158
'생각하는 사물'의 본질 47, 158,
177

데카르트주의자 58, 76-8, 81, 83,
110, 140, 151

도덕 20, 25, 28-9, 35-8, 41, 91, 98,
101, 113, 116-8, 120, 125, 137-8,
141, 143, 153, 157, 161-2, 166,
180-1, 183, 186

동물 52, 55-7, 104-5, 110, 114, 116-
7, 143, 165, 170, 176, 185

동일성 26, 38, 41-3, 45, 47, 54, 91,
101-113, 116, 120, 145-6, 153-4,
172, 175, 177, 195-6
정보를 주는 ~ 154, 175
정보를 주지 않는 ~ 175

|ㄹ|

라이프니츠(Leibniz, Gottfried) 87,
109, 114, 195

라일(Ryle, Gilbert) 96

리(Lee, Henry) 109

리드(Reid, Thomas) 109, 111, 160,
180, 182, 187, 195

|ㅁ|

만델바움(Mandelbaum, Maurice)
60-1, 69-70, 86, 89

말브랑슈(Malebranche, Nicholas)
37, 73-4, 160, 168

매키(Mackie, John) 67, 71, 73-4,
89, 160

목적론적 증명 128, 140

몰리누(Molyneaux, William) 52-4,
114, 125

물질적 물체 43, 57, 59, 158

|ㅂ|

반성 25, 43-9, 51-5, 90, 93, 106,
166, 187

버클리(Berkeley, George) 25, 63, 68, 109, 123-4, 174, 195

베이컨(Bacon, Francis) 30, 32

보유 49, 52, 54, 56

보일(Boyle, Robert) 17, 19, 30, 33, 58-9, 63, 78, 81, 83, 140

보편자 56

본유 원리 25, 35-9, 47, 193

본질 26, 59, 83-4, 86, 127-8, 130, 168-9

명목적 ~ 84, 122, 125, 127-9, 131-2, 146, 163, 165, 169, 196

실재적 ~ 84, 86-9, 122, 125, 127-9, 131, 138, 161-3, 168, 171, 180-1, 196

볼테르(Voltaire, Francois-Marie Arouet de) 193

분류 26, 121-3, 126, 133-5

비교 49, 56, 146

|ㅅ|

상상력 44

생각하는 물질 153, 197

서전트(Sergeant, John) 109

성경 137, 139-140

성질 45-6, 49-51, 56, 59, 61-75, 83, 84-9, 123, 132-3, 143, 149, 155-6, 159, 161-2, 168-171, 175, 178, 195

제1~ 43, 49-51, 59, 61-75, 85-6, 88-9, 155-6, 159, 161, 169, 195

제2~ 43, 49-51, 62-6, 68-75, 85-6, 88, 132, 149, 155-6, 161, 169, 195

제3~ 62, 156

수학 40, 60, 125, 143, 149, 151-2, 157-8, 161-2, 170, 173, 179-186

스위프트(Swift, Jonathan) 193, 195-6

스콜라 철학 18, 25, 30-1, 36-7, 53, 66, 70-1, 84, 87, 127, 130, 135, 146, 165-6, 172, 175, 179, 182, 194

스틸링플릿(Stillingfleet, Edward) 23, 78, 89, 107, 194-5

시간 43, 46, 55, 57, 89-91, 103-4, 106, 108, 111-7, 123, 128, 156, 167, 191

식별 49, 51, 55

신 26, 30, 38, 42, 59, 66, 79, 81-2, 91, 102, 107, 128, 130, 139-140, 153, 157-9, 163, 173, 177-8, 181, 183, 187-9, 193, 197

신앙 26, 35, 51-2, 138, 179, 186-190

심상 48, 69-70, 123

심상론 123

|ㅇ|

아리스토텔레스 50, 58, 75

아리스토텔레스의 본질주의 130-1, 163

아리스토텔레스주의자 ('스콜라 철학' 참조)

아슬레프(Aarsleff, Hans) 31, 193, 196

애서턴(Atherton, Margaret) 35-6, 39, 47

야페(Yaffe, Gideon) 92

양립론자 96-7, 101

양심 113-4

양태 26, 49, 51-2, 73, 76, 89-91, 103, 119, 121-6, 137-146, 149, 161-2, 166, 173
  단순 ~ 76, 89-90, 122, 125, 137, 144
  혼합 ~ 91, 103, 121-2, 125, 137-8, 142-4, 162, 166

언어('담론' 참조) 26, 30, 33, 36, 41, 54, 56, 85, 89, 116-7, 121-2, 129, 131-140, 142, 144, 166-8, 172, 196

에이어(Ayer, Alfred Jules) 61

에이어스(Ayers, Michael) 86, 88-9, 123

역사적이며 명료한 방법 31-2, 46, 121

영혼 37-9, 47-8, 72, 101, 103, 106-7, 109, 111, 113, 153, 159, 164-5, 185

오버호프(Oberhoff, Jürgen) 92

왕립학회 17, 19, 30, 32, 58

왕자와 구두 수선공 107-8, 113

욜턴(Yolton, John) 28-9, 32, 36, 38-9, 73, 153, 193

우주 20, 31, 58-9, 61, 76, 81, 108, 128-9, 145, 158, 170-1

원자 구조 86-7, 127-9

원자론 25, 58-61, 63, 69, 75

유사성 53, 69-74, 86, 125, 134, 162, 168, 195

유클리드 160, 180, 182, 187

의식 39, 46-7, 54, 106-116, 118, 195

의욕 26, 51-2, 91, 94-8, 101, 106, 113, 120

의지('자유의지' 참조) 51-2, 91-8, 101, 118, 138, 190

이성 20, 25-6, 31, 34-7, 40, 44, 53, 55, 91, 101, 105-6, 118, 120, 127, 129, 145, 163-5, 186-190, 194-5

인간 43, 55-7, 104-7, 108, 110-3, 115-6, 127-8, 163-7, 171, 174-6

인격 동일성 26, 43, 45, 47, 54, 91, 101, 106-7, 109, 111-3, 116, 120, 153, 195-6

입자 철학 19, 25

|ㅈ|

자연 종교 128, 139

자연법(신법) 113, 118-9

자연종 130-1, 135, 165

자연철학 19, 33, 37, 130, 133, 143, 176, 181, 191

자유 25-6, 34, 43, 51, 82, 91-2, 94-7, 100-1, 106, 113, 118, 133, 135,

152, 163, 189, 191
자유로운 행위자 92, 94-7, 100, 106
자유의지 25-6, 43, 51, 91-2, 95-7,
    101
정서 51, 98-9
조수 25, 29, 31, 128
종교 17, 19-20, 22, 25-9, 36, 61, 91-
    2, 125, 128, 138-9, 153, 184, 186,
    188, 190-7
    ('광신' 참조)
    계시 ~('성경' 참조) 20, 28, 186
    이성적 ~ 26, 91, 186, 194-5
    자연~ 128, 139
지각 44-6, 49-54, 60, 62, 65, 68-75,
    93, 106, 122, 124, 129, 144, 146,
    148-153, 160, 166, 168, 178-9,
    183, 185, 195
지각의 장막(상/실물 문제) 72, 122,
    195
지성 20, 25-6, 33-5
    ~의 한계 20, 33-4
지식 20, 25-37, 44-6, 48-52, 57-8,
    62, 73, 80, 90, 98, 109, 112, 114,
    121-4, 128, 132, 134, 136, 144-
    173, 176-186, 190, 192, 194
    감각적 ~ 148-152, 158
    실재적 ~ 26, 73, 161, 167
    증명적 ~ 147-9, 151, 157, 173,
        178, 184
    현실적 ~ 대 습관적 ~ 148, 184
    ~의 등급 26, 147-9, 151, 159

정당화된 참인 신념 145
진공 59-60, 75-6, 81-3
진리 20, 29, 35-40, 125, 136, 140,
    142, 145, 147-8, 150, 152, 160-1,
    166-8, 172-6, 178, 186-9, 191-2,
    194

|ㅊ|
초어법 59-62, 82
촘스키(Chomsky, Noam) 121-2, 196
최선의 설명에 대한 추론 178
추상 26, 55-6, 80, 87, 121, 123,
    126-7, 129, 132, 134, 158, 163,
    172, 174, 195
충만 이론 58-9, 61
충전성 43, 49, 50-1, 59-65, 75-8,
    81, 85-9

|ㅋ|
커드워스(Cudworth, Ralph) 108
클라크(Clarke, Samuel) 109, 111

|ㅌ|
탐구 26-7, 29, 31-8, 100-1, 119,
    136, 143, 145, 156-7, 161, 167,
    181, 184, 191, 194
『통치론』 118, 126
특질 156

|ㅍ|
판단 36, 43, 51-3, 55, 100, 114, 119,

135, 176, 183-4, 188-190
플라톤 98

|ㅎ|
하위헌스(Huygens, Christian) 29-30
행복 또는 불행 191
홉스(Hobbes, Thomas) 18, 30, 59,
    92
확실성 32, 40, 145, 148-9, 161, 168-

9, 171, 178, 183-4, 187
회의주의 20, 23, 25-6, 33-4, 45,
    150, 153, 158, 179
흄(Hume, David) 35, 62, 119, 125,
    141, 147, 150, 168, 193
힘 43, 51-2, 54, 57-8, 64-5, 68, 91-
    7, 99-101, 117-8, 120, 134, 145-
    6, 156-7, 159, 167, 170-1, 177,
    191